from・to 保育者 books ⑤

0〜5歳児　クラス担任も！栄養士・調理員も！

保育者のための食育サポートブック

はじめに

●食は学習なり

　保育における食育は、尊い営みです。なぜならば、子どもの育ちを支えるという人間の存在にとって、非常に大きな意味を持つからです。「食べる」という行為は毎日繰り返される至極あたりまえの生活であるために、知らず知らずのうちにマンネリ化し、いつの間にか心身共に不健康な状況に陥っていることが少なくありません。

　乳幼児期の食育のねらいは、望ましい生活や食生活を営む力をはぐくむことにあります。しかし、望ましい習慣の形成は一朝一夕にできるものではなく、幼いころからの生活を通した適切な援助があって、習慣化されていくものであるだけに、保護者や保育者が関心を持って子どもの発達支援に当たらなければならない重要な課題です。

　食育は、「食」を介して生活する力を体験的に学習し、共感的理解やスキルを身につけていく活動です。したがって、その内容は単に知識の習得ばかりでなく、行動や実践に当たっては、理解することで関心を持ち、ひとつのことがわかると次のことが知りたくなり、試してみるとおもしろい、楽しいと、子どもみずからが興味や関心を持ち、自分でするようになっていくといったプロセスが重要です。単発活動やイベント活動を繰り返すだけでは、その効果は期待できません。また、「教える」と力んで押し付けにならないように、根気強く、愛情を持って対応することが望まれます。

　子どもの内に秘められた力を育てていくという行為を通して、親や保育者みずからが育てられていることに気づきます。まさに、子どもと共に育ち合う活動そのものが食育であり、その活動を通して、大人がみずからを教育していくようなものでありたいと願います。

髙橋 美保

白鷗大学 教育学部　教授
髙橋 美保・著

ひかりのくに

本書の特長と使い方

食育で保育をより楽しく、充実したものにするために

- 最近、「食育」って言葉をよく聞くけど、何から始めたらいいんだろー。
- う〜む
- とりあえず、キュウリを栽培したり、カレーを作って食べたりしたらいいっか！
- ちょっとまったー!!
  ただ栽培したり料理をするだけが食育じゃないのよ！
  （美保先生）
- え？でも食育って、栽培とか料理しか思いつかない……
- とんでもない！食育も保育の一環なんだから、発達の見通しを持って、計画をたてなくちゃ！
- えっ!? 食育って、計画もたてるんですか!? 行事とか参観でしか、しないものかと思っていたのに……
- では、私が**本当の食育**を伝授しましょう！

第I章 食育計画

月週案・日案も！
3・4・5歳児は月週案と日案も！
年→月→週→日という流れがあって、わかりやすいです！

へー

0〜5歳児の解説つき食育計画！
まずは、子どもの発達に応じた計画をたてることよ。
0〜5歳までの発達を見通したうえで、それぞれの年齢に合った計画をたてていきましょう。解説欄も参考にしてくださいね。

I-1 年齢別年間食育計画

計画のたて方やポイントの解説　　計画例

I-3 3・4・5歳児の月週・日案

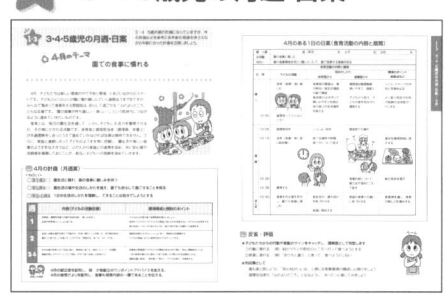

I-2 0・1・2歳児の月間食育計画　　**I-4** 定番テーマの食育計画　も！

第Ⅱ章 毎日の食育実践

年齢に合った計画をたてることができたら、実践の中に食育をどんどん取り入れていきましょう！

食育だより12か月！

まずは「おたより」ね。**作り方の解説と実例**と、コピーをして使える「**食育だより**」が12か月分。
さらに、独立した「**囲みネタ**」もあるので、いつものクラスだよりに入れれば、簡単に「食育コーナー」を作ることもできます。

いつものおたよりで保護者にも！

おたよりに食育を取り入れたら、保護者の方にも「しっかりと食育をしてる！」って思ってもらえるかも！

ことばがけ例つき！

食育について話しをするときの「ことばがけ例」まであるんですね！
これなら、楽しんで食の大切さを伝えられそうです！

食育あそびネタ！

さらに！
「**食育ネタ**」もあるわよ！
子どもといっしょに食育を学びたいときに使えるネタが12か月分。
ひらがな表記だから、コピーをして渡せば、おうちでも楽しんで取り組んでもらえますね。

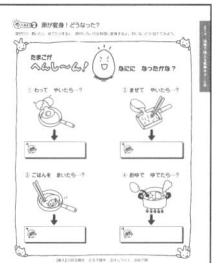

第Ⅲ章 食育を学ぼう！

もっと食育を知りたい！

計画をたてられたし、実践もできたし、食育のことがずいぶんわかった気がします！
でも、**もっと食育について知りたい**し、ほかの園ではどんなふうに取り組んでいるのか、知りたくなってきました。

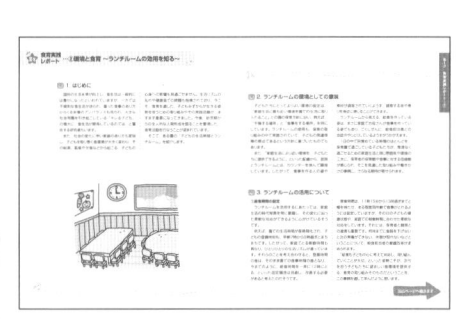

実践レポートも！

それでは、食育についてもう少し踏み込んだ話しをしましょうか。
食育実践に積極的な**園のレポート**も紹介しますので、より深く食育について学んでくださいね。

いやー、食育のこと、すっごく詳しくなった気がします！
これで食育はカンペキですね！

あまーい!!
まだこれだけじゃ、完璧とはいえないわ！

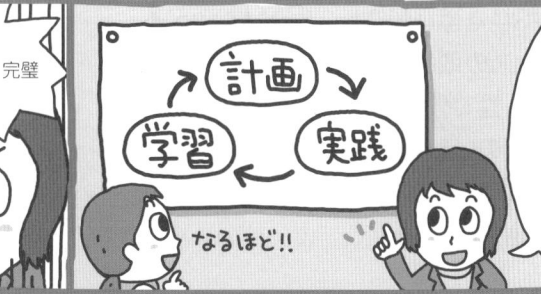

まだ、何かあるんですか？

→計画→実践→学習→

なるほど!!

計画をたてて、実践して、より深く学んで、そしてまたよりよい計画をたてる。
これを繰り返すことで、もっと食育について深めていけるのよ。
ふだんの保育のスキルアップにもつながるわ。
がんばって！

保育者のための食育サポートブック もくじ

- はじめに……………………………………………………………………………… 1
- 本書の特長と使い方………………………………………………………………… 2

第Ⅰ章 食育計画 …………………………………………… 8

まずはじめに… 食育計画の考え方・作り方 ……………………………… 10

I-1 年齢別年間食育計画

- 0歳児の発達にそった食育活動と年間計画 ……………………………… 12
- 1歳児の発達にそった食育活動と年間計画 ……………………………… 14
- 2歳児の発達にそった食育活動と年間計画 ……………………………… 16
- 3歳児の発達にそった食育活動と年間計画 ……………………………… 18
- 4歳児の発達にそった食育活動と年間計画 ……………………………… 20
- 5歳児の発達にそった食育活動と年間計画 ……………………………… 22

I-2 0・1・2歳児の月間食育計画 ……………………………… 24

I-3 3・4・5歳児の月週・日案

- 4月「園での食事に慣れる」………………………………………………… 28
- 5月「こどもの日を祝う」…………………………………………………… 30
- 6月「体を作る ～じょうぶな歯を作る～」……………………………… 32
- 7月「体を作る ～朝ご飯をきちんと食べよう～」……………………… 34
- 8月「食べ物に親しむ ～夏野菜を収穫する～」………………………… 36
- 9月「行事を楽しむ ～世代間交流と食べ物～」………………………… 38
- 10月「バイキング ～3色を選び青空レストランで食べる～」………… 40
- 11月「体作りはバランスの取れた食事から」…………………………… 42
- 12月「行事を楽しむ ～園で教えるホームパーティのお手伝い～」…… 44
- 1月「行事食や伝統料理のいわれを伝える」……………………………… 46
- 2月「マナーや生活力のチェックリスト作成」…………………………… 48
- 3月「園での食事に感謝する」……………………………………………… 50

I-4 定番テーマの食育計画
①「レストランごっこ」から（異年齢でも）……………… 52
②「イモ掘り」から ……………………………………… 54
③「はしの使い方」から ………………………………… 56
④「もちつき」から ……………………………………… 58

第II章 毎日の食育実践 …………… 60

II-1 食育だよりの考え方と実例12か月
4月「園と家庭を結ぶ」……………………………………… 62
5月「園と家庭で祝う『こどもの日』」……………………… 64
6月「園と家庭で取り組む『虫歯予防』」…………………… 66
7月「食生活を見直そう 〜朝食の大切さ〜」……………… 68
8月「『旬』を伝える」……………………………………… 70
9月「世代間交流と食べ物」………………………………… 72
10月「安全・安心クッキング」……………………………… 74
11月「食事のバランス」……………………………………… 76
12月「台所を子育ての場に」………………………………… 78
1月「食の計は元旦にあり」………………………………… 80
2月「病はソト、健康はウチ」……………………………… 82
3月「よき食のコーディネーターとして」………………… 84

II-2 楽しい食育だより12か月

- 4月「心と体を育てる食事を作ろう」 …… 86
- 5月「食の学習動作を育てる① よくかんで食べる」 …… 88
- 6月「食の学習動作を育てる② 何でも食べる」 …… 90
- 7月「食の学習動作を育てる③ みんなと食べる」 …… 92
- 8月「食材を選んで食べる」 …… 94
- 9月「体験させよう食事作り」 …… 96
- 10月「食卓のルールを教える」 …… 98
- 11月「はしづかいを教える」 …… 100
- 12月「郷土の味を伝える」 …… 102
- 1月「年始の行事と食べ物」 …… 104
- 2月「五感で味わう食事」 …… 106
- 3月「楽しい食生活」 …… 108

II-3 いつでも使える食育だより囲みネタ

- ①味わうってどんなこと? …… 110
- ②甘みってなに? …… 112
- ③塩味ってなに? …… 114
- ④旨味ってなに? …… 116
- ⑤酸味ってなに? …… 118
- ⑥味を学ぶってどんなこと? …… 120

II-4 保育で使える食育ネタ

- 4月「心と体を育てる食事作り」 …… 122
- 5月「よくかんで食べる」 …… 124
- 6月「何でも食べる」 …… 126
- 7月「みんなと食べる」 …… 128
- 8月「食材を選んで食べる」 …… 130
- 9月「作って食べよう」 …… 132
- 10月「マナーを身につける」 …… 134
- 11月「はしづかいを身につける」 …… 136
- 12月「伝統を学ぶ」 …… 138
- 1月「行事と遊び」 …… 140
- 2月「おいしさを味わう」 …… 142
- 3月「楽しい食事」 …… 144

第Ⅲ章 食育を学ぼう！..................146

ⅲ-1 美保先生の食育講座
①「おいしさを味わう」学習について………………………… 148
②「におい」と「味わい」……………………………………… 150
③「口当たり」と「味」………………………………………… 152
④「温度」と「味わい」………………………………………… 154
⑤「色彩」と「味わい」………………………………………… 156
⑥「音」と「味わい」…………………………………………… 158
⑦「食事環境」と「味わい」…………………………………… 160
⑧「健康」と「味わい」………………………………………… 162
⑨「人間関係」と「味わい」…………………………………… 164
⑩「ことば」と「味わい」……………………………………… 166
⑪「味わい」を「表現」する食文化の伝承…………………… 168
⑫豊かに「味わい」を育てる食育を…………………………… 170

ⅲ-2 食育実践レポート
①郷土料理の伝承を担う、園での食育………………………… 173
②環境と食育 〜ランチルームの効用を知る〜……………… 176
③楽しい食事について考える 〜「食と人間関係」にも通じるものとして〜……… 180
④「心を育てる食事」を学ぶ 〜「食と人間関係」にも通じるものとして〜……… 184

【附録①】食育をうまく保育に取り入れるコツ……………… 188
【附録②】食育イラスト集……………………………………… 190

第Ⅰ章 食育計画

食育計画をたてることから取り組んでみましょう！

☆ まずはじめに… 食育計画の考え方・作り方

Ⅰ-1 年齢別年間食育計画

0〜5歳児の年齢別年間食育計画を、食育のポイント・解説を含め、実例で紹介します。子どもの発達とリンクさせて、見通しを持って食育を保育に取り入れられるようになりましょう。

Ⅰ-2 0・1・2歳児の月間食育計画

ここでは、0・1・2歳児の月間計画をどのように立案していくとよいか、紹介します。

I-3 3・4・5歳児の月週・日案

3・4・5歳共通の月週案・日案12か月分です。
　年の計画などを参考に、各年齢の発達を押さえながら、年齢に合った計画を立案しましょう。

I-4 定番テーマの食育計画

保育で定番のイベントなどから、食育計画を考えていきます。
　取り入れやすいテーマから食育計画を立案し、実践しましょう。

まずはじめに…
食育計画の考え方・作り方

「食育をしているのだけれど…」という声をよく耳にします。
　集団の中で、子どもひとりひとりを大切にした食育活動を展開するためには、どうしたらよいのか、具体例を示しながら考えてみましょう。

保育の中で進める食育活動とは

　食育を「保育の一環」として位置付けなければ、教育的な効果は期待できません。保育全体を見通した保育目標の達成の項目の中に、食を位置付けたうえで、保育の計画に基づいて食育活動をすることが大切です。
　また、子どもひとりひとりの発達に応じた食行動を観察し、どの程度の生活力を身につけさせたいか、明確なねらいやテーマを設定します。これは、保育者、栄養士、調理師（員）全体での統一理解が必要になります。そのためには、常に、職員間で話し合える「環境づくり」が望まれます。

まず0〜5歳児全体を見通すと… 発達にそった食育活動の目標

	0歳児	1歳児	2歳児
発達	●摂食行動が変化する ●食事量が変わる	●食具を使って食べる ●言葉を話す ●歩くようになる	●自分のものがわかる ●〜してから〜する ●イメージが広がる
テーマ	①よくかんで食べる		②きちんと食べる
			習慣化するには、発達を4区分程度（上のように
食育目標	●個々の発達に合わせた離乳の進め方をする ●移行食を位置づける	●自我の芽生えを大切にする ●模倣を利用し、生活リズムを確立する ●食環境を見直し、改善する	●見比べたり、考えたりする力を育てる ●変化する素材の大切さをわからせる
	（食べたいという意欲の形成）		（あいさつ）（収穫活動）

作成の基本と考え方

（1）食育計画作成の内容について

①子どもの発達にそい、また、集団生活の中で習慣化していくような計画であること。
②子どもの活動を一面でとらえるのではなく、全体的にバランスの取れた発達を促していけるような計画であること。
③園と家庭が協力のもと、共同事業として進めていくための計画であること。

（2）家庭との連携や協力体制の図り方

園で展開される食育活動は、家庭の連携を視野に入れなければ効果は望めません。子どもひとりひとりの状況について話し合い、保育方針だけでなく、家庭における育児についての考え方・進め方をあわせて考え、「共同学習の場」として設定することが重要です。

ここから、さまざまな問題点、今後の課題も見え、園でどのように食育計画を進めていったらよいか示唆されることも少なくありません。

年間計画を作成してみよう

子どもたちの保育生活の区分に応じて、**4期に区分して**、前年度の保育活動を見直し、保育目標とリンクさせながら計画を立案します。

まずは0～5歳全体についてを、下表で見直したうえで、それぞれの年齢に合った計画を立案しましょう。実際の計画作りの例を、次のページから紹介していきます。

食育計画の考え方・作り方

	3歳児	4歳児	5歳児
	●順序がわかる ●～しながら～する ●ひとりで食事ができるようになる	●自分の行為は自分でコントロールできる ●できないことにも挑戦しようとする	●家庭やクラスでの自分の位置がわかる ●長い見通しを持って取り組む
	③選んで食べる		④楽しくみんなと食べる
①～④）に分けて実践すると、いっそう効果的です			
	●基本的な生活習慣を身につける	●生活習慣や生活態度、生活技術を身につける	●健康的な生活を送るための習慣や態度を身につける
	（はしや食器の持ち方）	（食事のマナー）	（健康教育）
	（当番活動）（バイキング）（クッキング活動）		

I-1 年齢別年間食育計画

0歳児のポイント

「食べたい」という意欲を育てましょう!

　0歳児は、哺乳期から離乳完了までの時期を含むので、画一的な進め方にならないように注意します。子どもひとりひとりの全身や手指の運動機能、歯の生え方などを観察し、育ちの段階を踏まえて進めましょう。

　吸うことは原始的な反射ですが、食べることは「捕食（取り込む）」「咀しゃく（かんでつぶす）」「嚥下（飲み込む）」という一連の随意運動（＝自分の意志で動かす運動）が必要です。この機能を発達させるためには、口の中へのさまざまな感覚刺激が必要です。保育者は、『刺激を感じたら動く』といった生理運動を引き出す援助や介助のあり方を検討しましょう。

　子どもの育ちに合わせ、①感覚・運動の学習、②食べさせ方（摂食時の子どもの姿勢、食具の使い方、ことばがけなど）、③調理形態の3つの視点から進めましょう。

離乳各期の進め方

　咀しゃく力を獲得するという目的意識を持って、進めていきましょう。

5〜6か月	7〜8か月	9〜11か月
●離乳初期は嚥下機能を獲得する時期です。	●離乳中期は捕食機能を獲得する時期です。	●離乳後期は押しつぶし機能を獲得する時期です。

0歳児の計画立案のポイント

- ●子どもが、自分の意志で口を動かすことを学習する時期
- ●子どもひとりひとりの発達にそった離乳の進め方をする
- ●食べたいという意欲を形成する

これらのポイントを踏まえて、年間計画をたててみましょう。

0歳児の発達にそった食育活動と年間計画

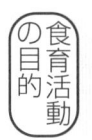

食育活動の目的
I 食べる動きを引き出す
II 食べる意欲を引き出す
III 食べ物の大きさ、固さ、舌触りをわからせる

★0歳児の発達にそった食育年間カリキュラム

月齢		I期(5〜6か月)	II期(7〜8か月)	III期(9〜11か月)	IV期(12〜18か月)
ねらい		●口唇を閉じて飲み込む	●舌と上あごでつぶす ●スプーンから離乳食をひと口で挟み取る	●奥の歯茎ですりつぶす ●コップで飲む	●奥歯でかみつぶす ●食具を持って食べる
活動の内容	①感覚運動機能	●上唇を下げて口を閉じ、圧力をかけてゴックンと飲み込む	●つぶすときに、左右の口角が伸び縮みする ●口唇に筋肉がつき、口を結んだとき、水平になり一文字に見える	●前歯で量を調節する ●舌で奥の歯茎に運ぶ ●唇がよじれながら閉じる ●ほほを膨らませ食べる ●あごがしゃくれる	●口唇や口角が自由に動かせる ●奥歯でかめる ●基礎的な咀しゃく運動の完成
	②食べさせ方	●開口時、舌上面と床面が平行な姿勢で座らせる ●下唇をスプーンで刺激し、出てきた舌先に乗せる。顔面に対し直角に食具を入れると、スムーズな動きが引き出せる	●下唇を刺激し、上唇の動きを引き出す ●上下唇で、挟み取らせ、口を閉じ、舌面と上あごでつぶし、嚥下することを観察する	●手づかみ食べを認め、食材の感触を体得させる ●取り込み、かんでつぶし、飲み込むことを覚えさせる	●食具食べが早くないか、手づかみ主体の発達を重視する ●ストレスをかけるような援助は避ける ●背中や足裏を安定させる
	③調理形態	●ドロドロ状（均一の調理形態）にしあげる ●ベビーフードをじょうずに使う	●一応形はあるが、舌でつぶせる硬さにする（耳たぶくらいの固さにする） ●さまざまな味を体験させる	●刻み食は避ける ●形のあるもので、歯茎でつぶせる硬さにする	●かむ力は未熟のため、調理形態に配慮する ●薄味にし、栄養のバランスを取る
育ちの目安	生歯				※奥歯はまだ完全には生えていない
	全身	●寝返りが始まる ●首が据わる	●腹ばいする ●お座りをする	●つかまり立ちをし、横歩きする	●歩くようになる
	手指機能	（手のひらでつかむ）	（手全体でつかむ）　（親指でつかむ）	●手、指、手首、ひじの機能をチェックする （親指とひとさし指でつかむ）	●スプーンを持てることと、使えることを混同しない
家庭との連携		●連絡帳	●食育だより	●離乳食講習会・試食会	●子育て相談会

I-1　年齢別年間食育計画

☆1歳児のポイント

食べるリズムを整えましょう!

　1歳児は個人差が大きく、歩き始めたり、話し言葉を獲得したりするようになると、食べ方も変わってきませんか。食具介助食べ（スプーンで食べさせてもらうこと）から手づかみ食べ、そして2歳に近づくと、食具食べから食器を持って食べるようになります。1歳半ごろまでは、無理に食具は使わせずに、手づかみも認め、手指の機能発達を十分に観察しましょう。

　また、朝・昼・夕の3度の食事と10時と15時の間食を、決まった時間に必要な量だけ食べるなど、自分の食事リズムを規則正しくする時期です。家庭との連携を密にして、食欲の波をうまくとらえ、生活リズムを確立して、生活習慣として定着するように進めましょう。

😊 食べる意欲を育てる

　1歳半ごろまでは無理に食具は使わせないで、手づかみ主体の発達を重視し、手の機能をチェックしましょう。咀しゃく機能は、発育・発達と並行してその子に合わせた進め方をするのがもっとも効果的です。

【保育者のかかわり方】
①子どもにストレスのかかるような指導はしない
②食具は、持てることと使えることを混同しない
③食べ方の観察は、目・手・口の協調したプロセスを重視する

😊 1歳児の計画立案のポイント

- 生活リズムを確立する時期
- 朝・昼・夕「きちんと」3食規則正しく食べる
- 食べるための技術的な能力を身につける

これらのポイントを踏まえて、年間計画をたててみましょう。

1歳児の発達にそった食育活動と年間計画

食育活動の目的
I かむ力はまだまだ未熟なため、移行期食を位置付ける
II 自我の芽生えを大切に、食べたいという意欲を育てる
III 食事の環境を整備し、生命の保持と情緒の安定を図る
IV 食事のリズムを整えて、生活リズムを確立する

★1歳児の発達にそった食育年間カリキュラム

		I期（12～15か月）	II期（16～18か月）	III期	IV期
ねらい		●さまざまな食材に慣れる ●薄味に慣れる ●食具でも食べられる	●ほとんどの食品を食べる ●食事マナーを伝える ●食環境（イス・食卓）を改善する	●食事時間内に集中して食べる ●おやつを食べる ●ひとり食べが確立する	●おやつと1日3食を決まった時間にきちんと食べる ●生活リズムを整える
活動の内容	働きかけ	●自分で食べようとする気持ちを尊重する ●食べものに対する好みが出てくるので、要注意	●大人がおいしく楽しそうに食べるようすを見せる ●落ち着いて食べられる雰囲気づくり ●あいさつを教える	●食事時間を知らせる媒体などを用いて、食べ物に興味を持たせる ●自分で食べられたら「褒める」「認める」 ●意欲を育てることばがけ	●食事の前は手を洗う ●食後は口をすすぐ
	食環境の整備	●意欲を育てる食具の選び方のポイントは、食具の幅、奥行き、食器の立ちあがり ←立ちあがり （例えば、平らな皿だと、スプーンですくえません。ある程度深さが必要です）	●歩行がしっかりしてきたらイスに座る イス：両足が床に着くように ●奥行きを調整する 食卓：手が伸びる幅（奥行き）に	●食べる時間 ●保育者が食事用エプロンを着用 ●テーブルの配置 ●保育者の座り場所	●遊ぶ、昼寝をする場所と、食事をする場所を分ける
育ちの目安	運動発達	●盛んに手で食べる ●コップから飲む ●食べ終わると立ち上がる ●食具を持ちたがる	●イスに座る ●コップで飲む ●スプーンで食べる	●フォークで食べる ●皿を支えて食べる	●自分から席に着く ●ひとりで食べられる
	精神発達	●好き嫌いを表し始める ●他児に関心を持つ	●模倣性が出てくる（まねる）		●「もう一度」と、立ち直りの心が芽生える ●ままごと遊びをする
家庭との連携		食育カード（食材、量、調理形態、食べ方、与え方）　※毎日連絡を取り合う ●離乳食の実態調査①	●親子ふれあい試食会	●実態調査②	●おやつ講習会

I-1 年齢別年間食育計画

☆ 2歳児のポイント

なんでも食べられるようにしましょう!

2歳児になり歩行が完成すると、探索活動が活発になり、興味や関心がおう盛になります。大人に食べさせてもらうことをいやがり、散らかし食べや遊び食べなども多く見られます。食欲にムラがあり、好き嫌いが激しく、自己中心的で、集団生活がいちばん難しい時期です。年齢が上がると減少するので、干渉せずに見守り、食事時間は30分をめどに、ダラダラ食べさせないようにしましょう。

2歳前半ごろには、スプーンやフォークを使うようになりますが、使い方指導の強制は避け、共に食べる体験を重ねていきましょう。2歳後半になったら、大人の言うことが、ある程度理解できるようになるので、食事のマナーや、食卓でそろってあいさつをして食べることの大切さを教えましょう。

😊 年間計画のねらいとその内容

自我が芽生え自分を発見する時期であり、年間を4期に区分して発達にそった食育目標を設定すると効果的です。

1期	順序がわかるようになる（食事のしかたがわかる）
2期	生活習慣の基礎が身につくようになる （食材に慣れ、なんでも食べられる）
3期	簡単なルールが理解できるようになる （食事は、作って、食べて、後かたづけ）
4期	友達の存在がわかるようになる（みんなでそろって食べる）

😊 2歳児の計画立案のポイント

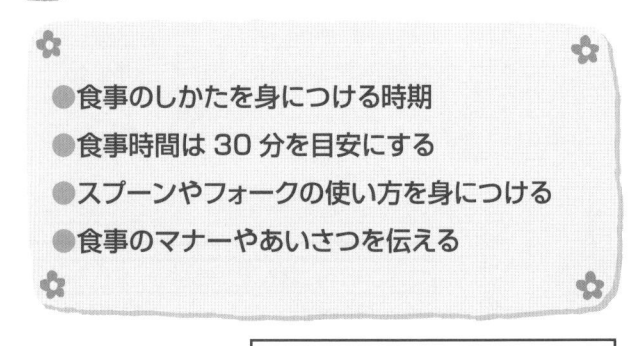

- ●食事のしかたを身につける時期
- ●食事時間は30分を目安にする
- ●スプーンやフォークの使い方を身につける
- ●食事のマナーやあいさつを伝える

これらのポイントを踏まえて、年間計画をたててみましょう。

2歳児の発達にそった食育活動と年間計画

食育活動の目的
Ⅰ いろいろな食品や調理形態に慣れ、食具を使ってなんでも食べる
Ⅱ 食事のしかたがわかり、自分でしようとする
Ⅲ 変化する食材の大切さを伝える
Ⅳ みんなといっしょに、気持ち良く食べるためのマナーを教える

★2歳児の発達にそった食育年間カリキュラム

		Ⅰ期（4・5・6月）	Ⅱ期（7・8・9月）	Ⅲ期（10・11・12月）	Ⅳ期（1・2・3月）
ねらい		●食事や間食のしかたに慣れる	●さまざまな食材や食品、調理形態に親しむ	●食事のしかたやルールがわかる	●みんなといっしょに食べる
活動の内容	働きかけ	●食事時間は30分以内 ●「いただきます・ごちそうさま」をする ●みんなそろって食べる園の給食に慣れる ●個の対応が必要	●食材の名前や味を教える ●変化する食材の大切さを伝える ●食具の持ち方を教える ●気長に付き合う	●「作る・食べる・かたづける」 ●食事の一連の流れを知る ●歯磨きをする ●食事中のことばがけの多さに要注意	●みんなでそろって、あいさつをして食べる ●「なんでも食べる、よくかんで食べる、こぼさず食べる」など、食べ方を教える
	食環境の整備	●イスに座って食べる ●食べる場と遊ぶ場を区別する ●落ち着いた食事環境を設定する	●収穫、飼育活動、クッキング活動に参加させる	●ままごとやレストラン遊びのコーナーを設営 ●保育者は、食事用のエプロンに着替える	●食卓の並べ方、席の配置を考える ●食卓に花を飾る
育ちの目安	運動発達	●歩行がしっかりとする ●じっとしていない ●指先の動きが未成熟	●スプーン、フォークをうまく使う ●食器を持って食べる	●遊びの中で、はしの使い方を覚えていく	●空腹を体験する
	精神発達	●模倣がうまくなる ●「自分で」と主張し、なんでもやりたがる	●見比べる、考える力の基礎づくり ●「もっとする」から「もう1回する」へ	●自分のもの、やり方がわかる ●「〜してから〜する」と自分をコントロールする	●「イメージ・つもり」が広がる ●大人を試す ●大人の行動にあこがれる
家庭との連携		食育だより（食事への取り組みを伝える）　※月2回連絡を取り合う → ●ケ（毎日）の日の食事講習会	●食生活実態調査①	●ハレ（行事）の日の食事講習会	●食生活実態調査②

I-1 年齢別年間食育計画

☆ 3歳児のポイント

自分で選んで食べられるようにしましょう!

3歳ごろになると、乳歯20本が生えそろい、かみ合わせが完成します。食べ物の選り好みが激しくなり、食行動も多彩になってきます。食具をじょうずに使って、あまりこぼさず、ひとりで食べられるようになります。時期を見てはしの使い方を教えますが、焦らず根気よく進めましょう。「自立食べ」の完成期でもあり、食べ物の種類や量を、自分で選んで食べることもできるようになります。

また、身近な物や事柄への興味や関心が高まる時期でもあり、お手伝いや食事作りに参加させ、思考力や行動力、社会性などの発達を促しましょう。このころになると順序がわかり、外界の成り立ちに興味を示します。食事のマナーなどもわかりやすく伝えましょう。

習慣化するには順序がある

この時期は、はしは持てますが、まだまだ正しい使い方はできません。握りばしになることも多く、「○○ちゃんのように食べたい」と、模倣しながらじょうずになっていきます。

【習慣化するための順序】
①興味を持つ　②繰り返す
③自分からやれるようになる　④身につく
といった一連の順序が大切です。辛くて苦しい練習だと、なかなか定着しません。

3歳児の計画立案のポイント

- 「選んで食べる」行動を育てる時期
- 自分で食べられる「自立食べ」が完成する
- 「食べたい」から「よりよく食べたい」という意欲を育てる

これらのポイントを踏まえて、年間計画をたててみましょう。

3歳児の発達にそった食育活動と年間計画

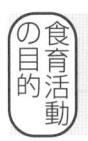

食育活動の目的
Ⅰ 自分の食べ方を知り、基本的生活習慣として定着させる
Ⅱ 食事のマナーや、食べるための技術的能力を身につける
Ⅲ 食事やおやつの時間を楽しみ、情緒の安定を図る
Ⅳ 食を通じて、感動することを体験させる

★3歳児の発達にそった食育年間カリキュラム

		Ⅰ期（4・5・6月）	Ⅱ期（7・8・9月）	Ⅲ期（10・11・12月）	Ⅳ期（1・2・3月）
	ねらい	・いろいろな食品に慣れる ・よくかんで食べる ・自分で食べられる	・必要量がわかる ・マナーを身につける ・食具の使い方を知る	・食事に関心を持つ ・食材の名前がわかる ・ひとりでじょうずに食べられる	・仲間と食事をする ・縦割り会食をする ・基本的な生活習慣を身につける
活動内容	働きかけ	・食べたら褒める ・食前食後のあいさつをきちんとさせる	・食べ方の見本を示す ・落ち着いた雰囲気をつくる	・媒体を用い、献立や食品の名前を教える ・「快」の気持ちを尊重した言葉がけをする ・収穫を手伝わせる ・お店屋さんごっこ遊びを設定する	・食事の準備やかたづけを手伝わせる
	食環境の整備	・ランチョンマット（自分の食べる場所）を用意する	・当番活動を開始する ・配膳のしかたを教える ・自分のはしを用意する	・テーブルクロスを用いる ・イスや食卓の高さを調節する ・クッキングに参加する	・食卓バイキングを設定する ・食事時間に、音楽を流す
育ちの目安	運動発達	・片足立ちができる ・スプーンやフォーク、はしを選んで使う ・食具を持っていない手で、茶碗を支える	・つま先立ちができる ・三輪車をこぐ	・○や△が書ける ・茶碗を持って食べる	・ハサミが使える ・ひとりで食べられる ・三角食べができる
	精神発達	・好き嫌いをする ・自分の名前や年齢が言える	・模倣をする ・歌がうたえる ・質問をよくする ・ままごと遊びをする		・自分でしたがる
家庭への啓発		食事の状況カード（食品、量、食べ方、おやつの与え方　など）で、連絡を取り合う →			
		・食事の実態調査をする ・朝食クッキングの試食会をする	・簡単おやつのレシピを配布する	・お弁当の日を設ける ・行事食の講習会をする	

I-1 年齢別年間食育計画

4歳児のポイント

楽しく食べる感覚を育てましょう!

4歳になると、摂食機能が育ち、食行動が多彩になってきます。身近な事物や人への興味、関心が高まり、盛んに探索するようになりますが、この探索行動は「楽しく食べる」ためには欠かせない想像活動のひとつです。

友達とのかかわりが広がるこの時期に、ワクワクしながら食事作りに参加して、友達（や家族）とおしゃべりをしながら食べるといった体験的な食学習は、「楽しく食べる」感覚を育て、社会性の発達を促します。

生活の自立に向けての基盤となる「自立食べ」から、社会の一員として生きる生活力や、集団で生きる知識を身につける「社会食べ」へ、スムーズな移行が望まれます。

4歳児の特徴と働きかけ方

4歳を過ぎると食欲が増して、食べ方が早くなります。反面、おしゃべりが多く、気が散る姿などが目だってきます。ゆったりと安定した気持ちで食事に集中できるような環境作りや、食欲をそそる働きかけをしましょう。

【年間計画の作成に当たって】
①子どもの気持ち、②習慣のつく時期、③習慣のつくプロセス などを踏まえ、日常生活の中で、徐々に習慣化していくように進めましょう。

4歳児の計画立案のポイント

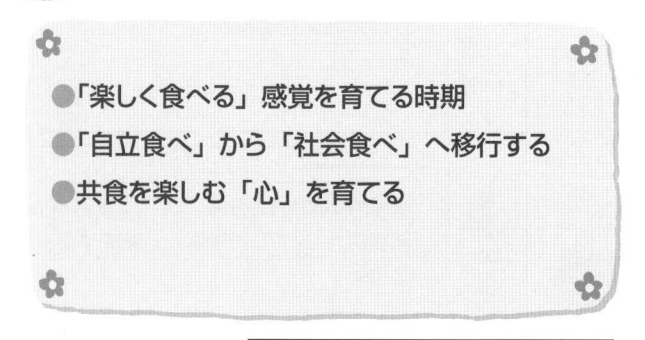

- ●「楽しく食べる」感覚を育てる時期
- ●「自立食べ」から「社会食べ」へ移行する
- ●共食を楽しむ「心」を育てる

これらのポイントを踏まえて、年間計画をたててみましょう。

4歳児の発達にそった食育活動と年間計画

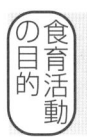

食育活動の目的
Ⅰ みんなといっしょに楽しく、ゆったりと食事をする
Ⅱ 子どもひとりひとりの食事行動を自立させ、情緒の安定を図る
Ⅲ 社会食べへの移行を徐々に開始し、基本的生活習慣やマナーを身につけ始める
Ⅳ いろいろな食材に出会い、楽しみや味覚の幅を広げる

★4歳児の発達にそった食育年間カリキュラム

		Ⅰ期(4・5・6月)	Ⅱ期(7・8・9月)	Ⅲ期(10・11・12月)	Ⅳ期(1・2・3月)
ねらい		・新しい環境に慣れ、ゆったりと食べる ・いろいろな食材を知る	・空腹を体験し、食べる意欲を育てる ・いろいろな食材に興味や関心を持つ	・食環境やマナーを身につけ、みんなと仲よく食事をする ・いろいろな食材に親しむ	・友達といっしょに、楽しく食事をする ・いろいろな味がわかり、おいしく食べる
活動内容	働きかけ	・ゆったり落ち着いた態度で語りかける ・「これ何?」クイズをする	・食事作りに参加させる ・三色食品群を示す	・言葉で食事のしつけをして、理解させる ・お店屋さんごっこをする	・友達や家族とのクッキングを設定する ・レストランごっこをする
		・食育カルテや食育チェックリストを作成し、個人の発達や食育の理解度をチェックする			
		・当番活動	・飼育活動	・収穫活動	・クッキング活動
	食環境の整備	・ゆったりした雰囲気や食卓作りを心がける (音楽を流す) (テーブルクロス)	・食事前後の衛生指導や食事室の衛生チェックをする ・調理室を見学する	・クッキング遊びのコーナーを設営する ・野外会食をする	・食べる場所、食卓の並べ方、座る位置、配膳のしかたなどの見直しや改善を図る
		・食卓バイキング	・(年少組と)会食する		・会食バイキング
育ちの目安	運動発達	・スキップができる ・すべり台やブランコで遊ぶ ・上手投げでボールを投げる		・遊びの種類が増える ・危険で冒険的な遊びをする ・衣類の着脱ができる	
	精神発達	・記憶が発達する ・創造遊び、ごっこ遊びをする ・想像力が豊かになり、時には「うそ」をつく ・色の識別、長さの長短などの区別ができる		・探索する範囲が広くなる ・「なぜ?」と、質問が多くなる ・悪い言葉を使うようになる	
家庭への啓発		・子どもの食生活実態調査①	・子どもの食生活実態調査②		・子どもの食生活実態調査報告会
		食育カードで、子どもの食生活について連絡を取り合う →			
		・月1回の食育だより発行	・(夏休み)親子料理教室開催		・親子ふれあい給食

I-1 年齢別年間食育計画

5歳児のポイント

自律性の育ちが大切!

5歳になると、自分なりの食べ方が身につき、基本的な生活習慣がほぼ確立されてきます。この時期には、仲間同士でコミュニケーションを取りながら、楽しく食べるようにもなります。また、手や指の細かい動きは一段と進み、危なげなくはしや食器が使え、自分に合った食事の量を調整したりします。

思考力や認識力、判断力も高まり、体・心・知能・技・社会性のいずれもが大きく成長するこの時期に、年長児としての「自覚」「自尊心」を育て、社会の一員として生きるための「自律性」の育ちに目を向けましょう。感謝の念や食べ物と健康の関連など、知的な欲求を満たすような活動のあり方や、環境づくりに努める時期でしょう。

食行動の社会化

この時期は、ほとんど大人の援助を必要としません。しかし、
- よくかんで食べる
- 1日3食、規則的に食べる
- みんなで食べる
- 楽しく食べる

といった食事行動の自立が問われます。それを考慮したうえで、
・自分の体と食べ物の関係に関心を持つ
・作ってくれる人への感謝の気持ちを持つ
・食べ物を大切にする
といった、社会人としての「自律性」の育ちに目を向けた、もう一段階上のねらいを設定してみましょう。

5歳児の計画立案のポイント

- 「みんなで食べる」意義を理解する時期
- 食べるための「技」「知識」を身につける
- 年長児としての「自覚」や「自尊心」を育てる

これらのポイントを踏まえて、年間計画をたててみましょう。

5歳児の発達にそった食育活動と年間計画

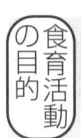

食育活動の目的
I 食事の大切さを知り、生活の営みがわかる
II 仲間と楽しくゆったり食べ、情緒の安定した生活を送る
III 食べ物と体の関係に関心を持ち、健康的な生活をする
IV 生活や遊びでの体験を通し、五感を育てる

★5歳児の発達にそった食育年間カリキュラム

		I期（4・5・6月）	II期（7・8・9月）	III期（10・11・12月）	IV期（1・2・3月）
ねらい		・基本的な生活習慣や態度を、みずから進んで身につける	・自分たちでルールを作り、守り、楽しくゆったり食事をする	・食事の持つ意義を知り、心身と食べ物の関係について関心を持つ	・人とかかわることで喜びを感じ、体験することで感謝の気持ちと態度を培う
活動内容	働きかけ	・媒体を使って食べ方の話をする ・食べ物の働きを教える（体なぜなぜクイズ）（三色食品群）	・当番活動や年少・年中との会食でのルールを作らせる ・畑作り絵日記を作らせる ・地域の高齢者との会食を設ける（招待状作り）	・クッキング保育 ①体作りのための料理を知らせる（三大栄養素） ②昔からの料理を作る（伝統食品、料理）	・お店屋さんごっことその下調べを設定する ・「ありがとう・給食」 ・小学校給食を試食させる
	食環境の整備	・調理室を見学する（お仕事探検隊） ・食事はランチョンマット、おやつはテーブルセンターを使用してみる	・ひざ掛けナフキンを使用する ・静かな音楽を流す ・食卓花を飾る ・「バイキング」から「レストラン」へ食事の環境を変えてみる	・ダイニングルーム設置を検討する ・青空レストランを設定する ・「収穫祭」を設定する	・調理室ありがとう（お掃除の日）を設ける ・おはしをプレゼントする
育ちの目安	運動発達	・動作に調和が取れ、正確になる ・手首やひじ、指の運動が巧みになる ・物を立体的に構成する（積み上げる、重ねる）			
	精神発達	・思いや考えを重視し、ほかの人の言うことが聞ける ・共通のイメージを持って遊べる ・ルールが守れる	・ひとつの目標に向かって、協力と役割分担ができる		・考えながら話せる ・読み書きをするようになる
家庭への啓発		・食事の実態調査① ・保育参観日での「調理室開放」と、「食事相談室」の開設 ・毎月の「食育だより」発行	・食事の実態調査② ・地域の高齢者との交流会		

I-2 0・1・2歳児の月間食育計画

🌸 テーマ　発達に応じた個別の食育計画を!

保育所保育指針や幼稚園教育要領では、子どもの発達の側面から、健康、人間関係、環境、言葉、表現の5領域を設定しています。食育活動の内容は子どもたちがさまざまな体験を通し、相互に関連しながら次第に達成していくもので、ひとつの領域だけに限られるものではありません。相互に関連しながら活動が展開していくことが大切なのです。

特に、3歳未満児は発達特性から見ると、5領域を明確に区分することが困難なため、総合的に展開していくことが必要です。

😊 食育計画のたて方・進め方

先にも述べましたが3歳未満児は発達の個人差が著しく、月齢による差や同月齢においても大きな違いが見られます。そのため食育計画は個人別に立案・作成します。子どもひとりひとりの育ちをていねいに把握して、個に応じた保育をする必要があるため、個別食育計画が主流となるのです。

集団生活であっても、ひとりひとりの子どもが発達にそった保育が受けられ、食べること、遊ぶこと、眠ることが十分に保障されて、健康で安全な生活、情緒の安定した生活を送ることが、この時期の食育の基本です。

したがって、クラス運営に関する計画よりデイリープログラム（日の計画）の内容が問われます。日常生活を通して基本的な生活習慣の自立が獲得され、自発的な活動が展開されて、心身共の発育・発達が培われていくのです。

月間計画

① 生後15か月まで……0歳児（保育指針による区分：おおむね6か月未満、おおむね6か月からおおむね1歳3か月未満）

生後15か月までの乳児は、月齢による差や個人差が大きいために、クラス全体としての計画は作らず、個人別指導計画を作成します。子どもの月齢と生育環境、受け入れ時期や受け入れ態勢などを踏まえ、子どもひとりひとりに合った食育計画を作成しましょう。

② 生後15か月から2歳未満……1歳児（保育指針による区分：おおむね1歳3か月から2歳未満）

子どもの姿をよく観察し、そこから見えてくる発達の課題をとらえましょう。保育者は安全に配慮しながら、子どもの好奇心や探究の欲求を満たすことが援助のねらいとなります。食育活動や行事への参加は、子どもの発達にそって選択し、参加するようにしましょう。

③ 2歳から3歳未満……2歳児（保育指針による区分：おおむね2歳）

日常生活の行動はほぼ大人並みにできるようになります。自己主張が激しく反抗的な行動を取るなど自己中心的で、集団生活が難しい年齢ですが、生活習慣が身につく時期でもあり、少しずつ集団としての活動も取り入れてみましょう。その際、あくまでも個別の対応が基礎であることを忘れないようにしましょう。

> 次ページから❶❷❸の実例を紹介していきます。

週案・日案

① 生後15か月まで

発達の実態から、作成する必要はありません。
ひとりひとりの子どもの食事や遊びを充実させるために、保育者の働きかけや環境の整備などについては週ごとに検討し、次の計画に生かすようにします。

② 生後15か月から3歳未満

1歳児、2歳児ともにそれぞれの子どもの発達の特性を正しく把握したうえで、計画を作成しましょう。

① 生後15か月まで（0歳児）の月間食育計画（ある月の例）

組・人数	組（男児　　　名：女児　　　名）合計　　　名
ねらい	・よくかんで食べる（食べる動きを引き出す） ・食べる、遊ぶという欲求が満たされ、徐々に月齢に合った生活リズムを整えていく ・はう、歩く、くぐる、登るなど、体を動かし、保育者といっしょに遊びを楽しむ

		子どもの活動	発達の目安	保育者の援助と留意点
A児（4か月）	食事	・一定量のミルクを意欲的に飲む ・果汁をスプーンで飲む	・吸引型から咬合型へと吸い方が変わるので、舌の動きを注視する ・口を閉じて飲み込む	・口の動きや表情を見ながら、言葉をかけ、ゆったりとかかわる ・スプーンに慣れさせる
	遊び	・自分の手で遊ぶ ・あやすと笑う	・寝返りし、腹ばいで首をあげる ・喃語を発して喜ぶ	・さまざまな体勢で遊べるよう、遊具の位置や話しかけに留意する
B児（11か月）	食事	・ほほを膨らませて食べる ・手づかみで食べる ・野菜を嫌がることもある	・歯茎食べ期 ・手づかみからつまんで食べる ・味覚発達のスタート	・口唇、舌、口角、顎の動きを観察する ・手指の発達を観察する ・無理強いは避け、言葉をかける
	遊び	・音楽に合わせて体を動かす ・触れたり、引っ張り出して遊ぶ	・リズムに合わせてスキンシップ ・周りのものに興味や関心を持つ	・保育者も共に楽しむ ・ひとり遊びを十分に楽しませる
C児（1歳3か月）	食事	・自分から食卓へ座る ・スプーンを使って自分で食べる ・離乳食から完了食になる	・食事の時間がわかり、楽しむ ・手首を返し、すくって食べる ・よくかんで食べようとする	・「食事ですよ」と声をかける ・じょうずに食べられたら褒める ・食べやすい調理形態に熟慮する
	遊び	・言葉を話す ・押して歩く、潜る、滑る	・一語文が出てくる ・他児の遊びを見て再現する	・聞き取り、やり取りを楽しむ ・危険を回避して、見守る

家庭との連携	・授乳や離乳の進め方の振り返りポイントカードを作成し、家庭と確認し合って進めていく ・授乳や離乳は、家庭での進め方と一貫させ、緊急時に備え保護者の連絡先を把握しておく ・食事中のようすを報告し、子どもが「自分で食べた」という満足感が、自立へ向けた要求を満たしていることの重要性を伝える ・不安やとまどいを十分に理解し、口頭や連絡帳で、園でのようすを細かく伝える ・自食食べのスプーンや手ふきタオル、散歩用の靴を用意してもらう ・休日には家族での時間を多く取ってもらうが、生活リズムの崩れには注意を促す
食事環境の配慮	・明るさや室温に注意し、楽しい雰囲気のなかで食べられるように、音楽をかける ・ひとりで食べようとするので、他児に影響を及ぼさない間隔や広さを考慮して食卓を設置する ・食卓や椅子の高さを考慮し、食事に安定感をもたらすくふうを施す ・自分で食べる意欲を育てるための食具を、深さや大きさ、幅などに留意して選択する ・食後の口洗浄のためのポットを用意する
健康安全	・感染症予防のため、個別の手ふきタオルを用意し毎日交換する ・一人ひとりの食べ方や体調を考え、ひと口量や食事にかかる時間、調理形態を配慮する ・食べながら眠る子どもがいるので、パジャマを着替える時間を考える
反省・評価	

0・1・2歳児の月間食育計画

❷ 生後15か月から2歳未満（1歳児）の月間食育計画（ある月の例）

組・人数			組（男児　　　名：女児　　　名）合計　　　名	
ねらい			・朝、昼、晩の3食と間食をきちんと食べ、生活リズムを確立する ・簡単な身の回りのこと（食事や着脱など）を、自分でする喜びを味わう ・絵本やごっこ遊びを通して、言葉のやり取りを楽しむ	
			前月までの子どもの活動	子どもの活動	保育者の援助と留意点

			前月までの子どもの活動	子どもの活動	保育者の援助と留意点
A児（1歳7か月）	食事		・こぼすことも多いが、好きなものはフォークや手づかみでどんどん食べる ・コップでこぼさずに飲む	・スプーンやフォークを持って食べる ・こぼすが、自分で食べられるスプーンですくう ・茶碗を口に持って飲む ・からになった茶碗を差し出す	・自分で食べようとする気持ちを大切に見守る ・手首の返しをよく観察する ・茶碗の持ち方を観察する ・食事への興味を誘うことばがけをする
	遊び		・言葉をオウム返しする	・簡単な言葉のやり取りをして遊ぶ	・やり取りをしながら、想像の世界を楽しむように導く
B児（1歳10か月）	食事		・動き回る楽しさを味わう ・好き嫌いが表れ始める	・食前に保育者といっしょに手を洗う ・嫌なものは口を開けず食べない ・茶碗をじょうずに持つ ・椀を持ち上げて飲み、元に置く	・ひとりで食べたときは褒める ・大人の動作を模倣する
	遊び		・ひとりで集中して遊ぶ ・じっと見ている	・「見ててー」と、ひも通し遊びを楽しむ ・畑で草花や虫に触れ、知らせる	・見守り、「できたー」という満足感を味わわせる ・発見や感動を共に喜ぶ
C児（2歳）	食事		・食事中眠くなることがある	・遊び食べになる ・お代わりをする ・スプーンでこぼさず食べる	・ことばがけをしていく ・よくかむことも伝える ・「じょうず」と褒め、意欲につなげる
	遊び		・人形遊びを楽しむ ・好きな絵本を見て楽しむ	・2歳児組とままごと遊びを楽しむ ・絵本を見て、楽しい場面の言葉のやり取りを楽しむ	・模倣から楽しさへとつなげる ・保育者も子どもと共に楽しむ（うんとこしょ、どっこいしょ）
家庭との連携			・園での生活リズムや子どものようすを伝え、連携を取り合って進める ・「自分でやりたがる姿」や「待つこと」「見守ること」の大切さを、口頭やおたよりなどでわかりやすく伝え、子どもの心身の成長を具体的に伝えて、喜び合うことで子育てに自信が持てるようにする ・何を食べたのか、どんな遊び方をしたのかなど、その日の活動内容や子どものようすを、保育室に展示する		
健康安全			・保育室内の温度、湿度、風通し、採光に留意し、こまめに換気を行なう ・天気の良い日は、体をほぐすためにも戸外遊びを楽しむ ・季節の変わり目は、体調を崩しやすいので、ひとりひとりの体調の変化に十分に気を配る ・食事への興味や関心を誘うために、遊びの中で、食べものの名前をたくさん覚えさせる		
反省・評価					

③ 2歳から3歳未満（2歳児）の月間食育計画（ある月の例）

組・人数		組（男児　　　名：女児　　　名）合計　　　名	
ねらい		・1日の生活を見通すことができるようになり、身の回りのことに興味を持つ ・戸外で気持ち良く体を動かし、好き嫌いなく何でも食べる ・生活や遊びを通して、友達の存在に親しみを抱く	
		子どもの活動	保育者のかかわりと留意点
A児(2歳3か月)	食生活	・食欲にムラが出始め、好き嫌いがはっきりし始める ・食器やはしを並べるなどお手伝いに関心を持つようになる ・会話を楽しみながら、何でも食べてみようとするが、おしゃべりに夢中になる ・食前や汚れたときに手洗いをする	・無理強いはせずに、食べやすいものや好きなものを食べ、まずは体力の低下を防ぐ ・保育者もいっしょに準備を進める ・気持ちを落ち着かせ、食べることに集中させる ・保育者もいっしょに正しい手の洗い方を伝える
	遊び	・ごっこ遊びや、集団遊びを楽しむ ・役割を分担し、ままごと遊びを楽しむ	・友達とのやり取りやイメージが広がるような言葉をかけていく ・ごっこ遊びは本物の容器や用具を用意し、食材は毛糸やリング、クルミを用いて、いろいろなものに見たて使用し、楽しむ
B児(2歳8か月)	食生活	・3歳以上児といっしょに給食を食べる ・はしを使って食べようとするがうまくない ・スプーンの持ち方、使いかたがうまくなり、こぼさずに食事ができる ・食事量が決まってくる ・安定したリズムで生活する中、次の自分の行動を予測したり、身の回りのことに興味がわき、自分でやってみようとする	・大きい子の食事のようすを見せ、意欲へとつなげていく。また会話も楽しんでいく ・スプーンとはしをいっしょに用意して選ばせる ・きれいに食事ができたことを十分に褒め、自信につなげていく ・食べる量、速度の個人差を把握しておく ・「ごはんを食べたら着替えようね」など、次の行動をわかりやすく伝え、安心して身の回りのことに目が向けられるようにする
	遊び	・ルールのある遊びを理解し楽しむ	・人とかかわって遊ぶ心地良さは、ルールを守ることが大切であることを伝える
家庭との連携		・わが子だけでなく、クラスの子どもたちがさまざまな場面でかかわり合っているようすを伝える ・生活リズムが崩れることもあるので、体調や生活状況についての連絡は密にする ・子どもが自分でやりやすいような衣服や食具、靴などを用意してもらうようにする	
健康安全		・戸外遊びが安心して遊び始められるように、場の設定や保育者の動きを考慮する ・遊具の使いかた、遊び方がダイナミックになってきている。保育者は行動を予測しながら、安全性に気を配る ・室内の温度や湿度、換気に配慮する。また手洗い、うがいを励行する	
反省・評価			

I-3 3・4・5歳児の月週・日案

3・4・5歳共通の計画になっていますが、年の計画などを参考に各年齢の発達を押さえながら年齢に合った計画を立案しましょう。

4月のテーマ
園での食事に慣れる

4月、子どもたちは新しい環境の中で不安と緊張、とまどいながらのスタートです。子どもひとりひとりが園に慣れ親しんでいく過程はさまざまですが、みんなで集まって食事をする雰囲気は、安心して過ごせる「心のよりどころ」ともなる場です。「園の食事が待ち遠しい！楽しい！」という気持ちにつながるように進めていきたいものです。

食育とは、毎日の園生活を通して、いかに子どもに生活力を獲得させるか、その食にかかわる活動です。保育者と調理担当者（調理員、栄養士）が共通理解をし合ったうえで進めていかなければ効果は期待できません。さらに、家庭と連絡し合って子どものようすを常に把握し、園生活や楽しい食事のようすを伝え合うなど、ふだんから家庭との連携を深め、共に安心感や信頼感を構築しておくことが、相互に子どもへの理解を深めていきます。

4月の計画（月週案）

<ねらい>
- **第1週目** 園生活に慣れ、園の食事に親しみを持つ
- **第2週目** 園生活の場や生活のしかたを覚え、園でも安心して過ごせることを知る
- **第3・4週目** 1日の生活のしかたを理解し、できることは自分でしようとする

週	内容（子どもの活動目標）	環境構成と援助のポイント
1	・保育者、調理担当者らの顔や名前を知り、親しみを持つ。 ・友達や保育者といっしょに食べる。	・子どもの心が落ち着く食事環境を演出する。 ・食卓のクロスやランチマットなど家庭と同じものを用意すると、子どもの心は安定する。 ・春の自然と十分にふれあえるような、献立内容や食べる場所にも配慮する。
2	・生活に必要な場所を覚えて行動する（手洗い場やトイレの使い方、持ち物の始末）。 ・集まって食べることを楽しむことができる（準備する、食べる、かたづける）。	・調理担当者も子どもといっしょに食べ、喫食状況を観察する。 ・子どもの発達にそった食事内容かどうかチェックする。
3・4	・好きな遊びを見つけて元気に遊び、意欲的に食べる（ままごとコーナーを設置）。 ・食事の楽しさやマナーについて知る（戸外で食べる楽しさを味わう）。	・食事室は季節感や子どもたちの興味があるもので飾り、明るい雰囲気をつくる。 ・1日の保育計画の中に集まって食べる楽しさが感じられる活動を入れる。 ・職員会議に参加し、食を通して見えた「子どもの育ち」を報告する。

家庭との連携
- 4月の献立表を配布し、朝・夕食献立のワンポイントアドバイスを加える。
- 4月の食育だよりを配布し、食事も保育内容の一環であることを伝える。

4月のある1日の日案（食育活動の内容と展開）

組・人数	組（男児　　　名：女児　　　名）合計　　　名			
主活動	園の食事に親しむ			
ねらい	園の食事環境を見たり聞いたりして、園で食事する意義を知る			

		食育活動の内容と展開		
日・時	子どもの活動	対応のしかた		環境のポイント 留意点など
		保育室から	調理室から	
導入	・保育（食事）室に親しむ	・食事室の壁面は、春の明るい食生活場面の絵で構成 ・食卓掛けは手作りで親しみやすさを演出 ・身の回りの生活場所を教える	・調理室は整理整頓 ・使いやすさ、清潔さ ・子どもから見え、子どもの姿を見ながら調理する	・入口にスタッフの名前と写真をはる ・よく使う用具や材料の収納方法を絵カードにする
10:00	・調理室ってどんなところ？			
展開 10:05	・調理室見学	・いっしょに見学	・調理室で仕事中	
10:15	・保育（食事）室に戻り話を聞く	・食べる場所や時間、食べ方について話す		・食材を調理室前に展示する
10:25			・食事内容について、献立名や食材について話す	・献立見本を展示
10:35	・質問する			
まとめ 10:40	・食事を作る場を見学し、園での食事に親しむ	・食生活の一連の流れを気づかせる ・家庭に報告する	・家庭の食事との違いに気づかせる	・食環境を通し、食事の楽しさを演出する

😊 反省・評価

★子どもたちからの行動や言動のサインをキャッチし、理解度として判定します
　①行動に表れる：（例）前のクラスや担任のところへ行って食べようとする
　②言葉に表れる：（例）「おうちと違う」と言って、食べようとしない

★対応策として
・園も家と同じように「居心地がいいな」と感じる食事環境の構成に心掛けましょう
・調理担当者も「心のよりどころ」となるように、ゆったりと接してみましょう

I-3　3・4・5歳児の月週・日案

5月のテーマ　こどもの日を祝う

　5月5日はこどもの日。「端午の節句」ともいわれ、子どもの幸せと、心身共のすこやかな育ちへの願いが込められた日です。
　また、5月はゴールデンウィーク、母の日や遠足など行事が続きます。園の生活と家庭の生活とのバランスなどを視野に入れて、食育活動の計画を考えましょう。
　子どもは周囲の友達と親しみ、楽しくふれあう経験を通して、生活するために必要な約束事やルールを学びます。そして、みんなでいっしょに食べる楽しさや自分の生活を作っていく楽しさを、身につけていきます。

5月の計画（月週案）

＜ねらい＞
- **第1週目**　遊びや食事を十分に楽しむ
- **第2・3週目**　友達と親しみふれあいながら、生活に必要な約束事やルールを知る
- **第4週目**　春の自然にふれ、戸外活動に親しむ

週	内容（子どもの活動目標）	環境構成と援助のポイント
1	・戸外でのびのびと遊ぶ。 ・ゆったり味わって食べる。	・食事時間を十分に取り、ゆとりを持って味わえるような食事の時間を設定する。 ・天気のよい日は園庭でシートを広げて食べるなど、楽しく食べる食事環境を演出する。 ・行事（こどもの日）の由来やなぜ行事食（食べ物）を食べるのか伝える。
2・3	・簡単なルールのある遊びを楽しむ。 ・食事前には玩具をかたづけ、手を洗い、準備を手伝う（連動した生活動作を習慣化する）。 ・友達といっしょに楽しく食べる。	・準備や後始末の方法を伝え、子どもといっしょに食事の用意やかたづけをする。 ・食事室にある共同の用具や道具の使い方、手洗いのしかたなどを教える。
4	・花や野菜の種や苗を植えて、発芽や生長を楽しむ（サルビア、エダマメ、ハツカダイコン　など）。 ・草花でままごと遊びをする（お弁当を作り、遠足ごっこをする）。	・園外保育で十分に活動し、空腹体験や自然の草花や虫に対する興味を引き出す。 ・園庭を使って、汗をかいて遊べる「元気コーナー」を設定する。 ・会議で、行事と行事食の伝え方について職員間の統一見解を図っておく。

家庭との連携
- 5月の行事や園での食生活のようすを、食育だよりで知らせる。
- 参観時に食事に対する懇談や相談コーナーを設ける。
- 食事の量や栄養について伝える。

5月のある1日の日案（食育活動の内容と展開）

組・人数	組（男児　　　名：女児　　　名）合計　　　名			
主活動	「こどもの日」を祝う			
ねらい	行事を通して日本の風習を知り、友達と祝いながら楽しく食べる			

食育活動の内容と展開					
日・時		子どもの活動	対応のしかた		環境のポイント 留意点など
			保育室から	調理室から	
導入	10:40	・（手形、足形をつけて）こいのぼり作りを楽しむ	・こいのぼりの由来と作成の説明	・行事食を作る	・元気コーナーを設営
	11:30		・歌いながら立てる		・こいのぼりを立てる
展開	15:00	・コーナー（こいのぼりの下）に集まる	・園庭にレジャーシートを敷く	・行事食（ちまき、柏餅）の由来やその食材について話す	・レジャーシートやランチョンマットを工夫
	15:10	・当番が準備する	・行事（こどもの日）の由来や意味について話す		・行事用の遊具や用具を用意する
	15:15	・みんなで楽しくおやつの柏餅を食べる			・音楽（こいのぼりの歌）を流す
	15:30	・かたづける			
まとめ		・子どもの日の楽しさを知り、意欲的に食べる	・行事の意味や日本の風習を伝える	・行事食のいわれや使う食材を伝える	・行事を通し、食事の楽しさが味わえる食環境づくり

😊 反省・評価

★子どもの「食べる楽しさ」をここでチェックし、考察してみましょう

①会話をする：（例）見たり聞いたり話したりしながら食べているか
②笑う：（例）食事中に笑いがでているか
③言葉で表現：（例）「楽しい」という言葉が食事中に何回聞かれるか

I-3 3・4・5歳児の月週・日案

6月のテーマ
体を作る ～じょうぶな歯を作る～

6月は多くの地域で梅雨に入ります。この時期は室内での生活が多くなりますが、子どもたちは体を動かし、エネルギーを発散して活動しています。汗をかいたり、気温の急変などにより、体調がうまく整えられなくなることがあります。ひとりひとりの健康管理には十分に配慮しましょう。

この時期の健康管理や、「虫歯予防デー」（歯の衛生週間）にちなんだ話題をとおして「食べ物と健康とのかかわり」を知らせます。そのためには、からだが成長することの意義や骨や歯を作る食べ物とその働きを教え、好き嫌いせずになんでも食べることの大切さを、体験的な学習方法を通して伝えましょう。

6月の計画（月週案）

＜ねらい＞
- **第1週目** 食べ物に親しみ、自分の体に興味を持つ
- **第2週目** 成長するために食べることを知り、自分の健康に関心を持つ
- **第3・4週目** 体を作る食べ物がわかり、好き嫌いせずに食べる

週	内容（子どもの活動目標）	環境構成と援助のポイント
1	・友達といっしょに食べながら、食べ物と自分の体の育ちに興味を持つ。 ・6月4日の虫歯予防デーにちなんで、なぜ虫歯になるのかを知る。	・絵本やペープサートなどを使って、体を作る食べ物を教える。 ・虫歯になりやすい食べ物や食べ方を教える。 ・正しい歯の磨き方を教える。 ・唾液の分泌を促すため、歯ごたえのある食材を用いた献立を作成する。
2	・いろいろな食材にふれ、成長するための食べ物や食べ方を知る。 ・活動や運動をとおして、空腹感を覚え、食べることの意義を知る。 ・植物（野菜）の世話をしながら、その成長に関心を持つ。	・食べ物の役割や栄養素の働きを、カードや実物見本で示す。 ・子どもの動きや興味にそって、運動、栄養、休養の大切さを伝える。 ・「梅雨」の話など天候などの自然事象について関心を持たせる。
3・4	・栄養素の働きを知り、自分の食べ物は自分で選んで食べるようになる。	・エプロンシアターなどを用い、「虫歯の話」や「偏食の弊害」を伝える。

家庭との連携
- 食育だよりで、梅雨期の食生活、歯の大切さや虫歯予防について知らせる。
- 連絡帳や懇談会をとおして、子どもの食事場面でのようすや成長を伝え合う。

6月のある1日の日案（食育活動の内容と展開）

組・人数	組（男児　　　名：女児　　　名）合計　　　名				
主活動	体を作る① ～じょうぶな歯を作る食べ物は何？～				
ねらい	食べ物と健康のかかわりについて、関心を持つ				

食育活動の内容と展開

日・時		子どもの活動	対応のしかた		環境のポイント 留意点など
			保育室から	調理室から	
導入	10:40	・どうして虫歯になるの？	・虫歯や歯の衛生週間について話す。	・見本を展示 ①カルシウムを含む食品 （小魚、牛乳　など） ②かみごたえのある食品 （小魚、ゴボウ　など） ③じょうぶな歯を作る献立	・歯の衛生週間のポスターをはる、絵本などで示す
	10:50	・調理室に見本を見に行く	・「じょうぶな歯を作る食べ物なに？」		
展開	11:05 11:15 11:20 11:25	・保育室に戻る ・クイズに答える	★絵本を読む ★パックン人形を使って話す 「じょうぶな歯を作る」 クイズで確認する ①食べ物（栄養） ②食べ方（咀しゃく） ③歯みがき（しかた）実演		・歯みがきコーナー設営
	11:30	・歯みがきをする			
まとめ	11:40	・歯を作る食べ物を知る	・好き嫌いせずに食べることの大切さを伝える	・じょうぶな歯を作る食べ物や食べ方について教える	

反省・評価

★食育活動の内容が家庭で話題になったかどうか
　①父母を対象にアンケートなどを実施する
　②子どもへのインタビュー

★「残菜の内容や量の変化はどうか」を把握するため計量し、残菜内容を分析し、検討する

I-3　3・4・5歳児の月週・日案

7月のテーマ
体を作る ～朝ご飯をきちんと食べよう～

　朝ご飯は「1日のはじまり」のエネルギー源で、規則正しい生活リズムの基礎になる大切な食事です。朝食を抜くと生活全体のリズムが乱れるばかりでなく、摂取栄養のバランスが崩れ、特に体の調節に必要な微量栄養素（カルシウム、鉄分　など）が欠け、脳に栄養が行き渡らなくなります。その結果、血圧や体温が下がって体が温まらず、集中力や意欲がなくなり生活力が低下します。
　特殊社団法人日本小児保健協会が実施した「平成12年度幼児健康度調査」によると、夜10時以降に就寝する幼児の割合が年々増加しています。こういった状況は、集団生活する子どもの場合、起床から朝食までの時間が短くなり、食欲が減退して「朝、食べる気がしない」といった欠食に移行しかねません。1日元気に過ごせる生活リズムを確立するために、朝ご飯をきちんと食べて登園できるように、家庭への積極的な呼びかけもあわせて実施していきましょう。

7月の計画（月週案）

＜ねらい＞
- 第1週目　朝ご飯の効用を知り、生活リズムを確立する
- 第2週目　朝型の食事内容を知る
- 第3・4週目　いろいろな食品を知り、何をどれくらい食べたらよいのかを知る

週	内容（子どもの活動目標）	環境構成と援助のポイント
1	・朝食は、なぜ食べなければいけないのかその理由を知る。 ・自分の生活を見直す。朝ご飯を食べ、規則的な生活リズムの大切さに気づく。	・朝食の意義や必要性について教える。 ・家庭といっしょに、朝・昼・夕の3食とおやつの正しい取り方についての学習会を開く。
2	・午前の遊びを通して、朝ご飯をきちんと食べて、楽しく遊べることを実感する。 ・朝食の内容について、何をどれくらい食べたらいいのかを理解する。	・絵本や紙芝居、ペープサートなどを使って、「朝ご飯パワー」の大切さを伝える。 ・朝食で「何を」「どれくらい」食べたらよいのか、食品カードを使って教える。 ・家庭へ「簡単朝ご飯レシピ」を配布し、朝食の必要性を強調する。
3・4	・いろいろな食品や簡単な調理法を知り、朝ご飯の組み合わせを理解する。 ・実物大食品カードを用いて、朝ご飯の献立作成ゲームをし、降園後、家族に報告する。	・朝食で「何を」「どれくらい」組み合わせて食べたらよいのか、朝食の献立例を紹介する。 ・簡単朝ご飯作りをテーマに、「親子クッキング」（料理教室）を開催する。

家庭との連携
・連絡帳や懇談会を通して、子どものようすや成長を伝え合う。
・食育だよりを作成する。

7月のある1日の日案（食育活動の内容と展開）

組・人数	組（男児　　　　名：女児　　　　名）合計　　　　名			
主活動	体を作る② ～朝ご飯をきちんと食べよう～			
ねらい	朝ご飯の大切さに気づき、みずからの健康に関心を持つ			

食育活動の内容と展開

日・時		子どもの活動	対応のしかた		環境のポイント 留意点など
			保育室から	調理室から	
導入	10:40 10:50	・なぜ、朝ご飯を食べるの？ ・調理室に見本を見に行く	・朝ご飯を食べて登園してきたかを聞く ・「どんなものを食べたらいいの？」	・献立例を展示する ①主食：ご飯、パン ②主菜：卵、魚、ハム ③副菜：野菜、果物 ④水分：みそ汁、牛乳	・野菜を栽培する ・紙芝居やペープサート ・実物大食品カード
展開	11:05 11:15 11:20 11:25 11:30	・保育室に戻る ・クイズに答える ・カードを合わせる	★紙芝居をする ①「朝ご飯パワー」の話をする 伝言ゲームで確認する	★食品カードを使う ②朝食の食事内容をクイズで確認する ③食事の組み合わせをカードで確認する	・簡単朝ご飯レシピ作成 ・クッキングカード作成
まとめ	11:40	・朝食の大切さを知る ・朝食の時間設定	・朝食をきちんと食べることの大切さ伝える	・朝食で何をどれくらい食べたらいいかを伝える	・「親子クッキング」のお知らせ配布

😊 反省・評価

★1　食育活動後の行動を観察し、チェックする
①午前中の子どものようす・遊び方はどうか、変わったか
②間食後（午後）の子どものようす・遊び方はどうか、変わったか

★2　家庭へ朝食に関する実態（聞き取り）調査を実施し、その結果をチェックする
①起床時間（　　：　　）、就寝時間（　　：　　）はどうか
②食事時間（朝　　：　　）（昼　　：　　）（夕　　：　　）（間食　　：　　）の規則性はどうか

★3　★1と★2の結果から、食育活動の効果を、職員間で検討する

I-3 3・4・5歳児の月週・日案

8月のテーマ
食べ物に親しむ ～夏野菜を収穫する～

　栽培技術の向上、輸入の自由化、流通の発達などで、食材の季節感が薄れ、どこでも年中食べられる野菜や果物が増えてきました。また、家庭で料理する機会も減り、食卓には加工食品が並び、子どもたちが食材本来の姿や味を実感することも少なくなってきています。このような環境の中で、「食べ物と生活についてのかかわり」を、子どもたちが理解し体得するための興味や探索行動をどう育てるか、その方策が問われます。

　それには、栽培を通して植物がどのように育つのか、自然事象が持つ偉大さや不思議さ、美しさに気づかせる配慮や工夫が必要です。種をまき、世話をし、収穫することを通して食べ物に関心を持たせ、調理することの大切さやおもしろさ、感謝して食べる心を育てていくような環境づくりを心がけたいものです。

8月の計画（月週案）

＜ねらい＞

- **第1週目** 野菜や草花を通して、夏の自然に親しむ
- **第2週目** 夏野菜の世話をし、観察して、生長に関心を持つ
- **第3・4週目** 夏野菜を収穫して喜び合い、収穫物の調理への活動を知る

週	内容（子どもの活動目標）	環境構成と援助のポイント
1	・夏野菜の種類や特徴を知る。 ・夏野菜の働きや効能を知り、夏の暑さに負けないじょうぶな体作りに気づく。	・旬の意義について教え、夏野菜の特徴を伝える。 ・夏野菜と健康とのかかわりの大切さを理解させる。
2	・トマト、なす、きゅうり、ピーマンなどに水や肥料をやり、手入れする大切さを知る。 ・自園菜園で、野菜や果物の生長観察をし、農と食の関係を理解する。	・自園菜園の目的やねらい、その方法について、職員間での意志統一を図る。 ・夏野菜の植え方や手入れ、収穫の手順を「栽培カード」を使って教える。 ・家庭へ「夏野菜・栽培カード」を配布し、農は食の基本であることを強調する。
3・4	・夏野菜を使った簡単調理法を知る。 ・園での収穫物を家庭に持ち帰り、手入れをすることの大切さや収穫した喜び、それを調理してみんなで食べたことを、家族に報告する。	・夏の食事について、その組み合わせや食べ方を「簡単レシピ」で紹介する。 ・夏野菜をテーマに、「親子クッキング」（料理教室）を開催する。

家庭との連携
- 連絡帳や懇談会を適して、子どものようすや成長を伝え合う。
- 食育だよりを作成する。

8月のある1日の日案（食育活動の内容と展開）

組・人数	組（男児　　　名：女児　　　名）合計　　　名			
主活動	食べ物に親しむ①　～夏野菜を収穫する～			
ねらい	夏野菜の栽培、収穫、調理を通し、健康的な食生活への理解を深める			

食育活動の内容と展開

日・時		子どもの活動	対応のしかた		環境のポイント 留意点など
			保育室から	調理室から	
導入	10:20	・身じたくをする	・夏野菜を収穫しよう	・夏野菜と冬野菜を展示する	・「すくすく畑」コーナーに写真掲示 ★野菜の育ち ★栽培の経過
	10:30	・「すくすく畑」に行く			
展開	10:45	・夏野菜を収穫する	・「すくすく畑」コーナーに収穫物を並べる		・栽培カード
	10:50	・保育室に戻る	★ロールプレイ（話し合い）		
	10:55		①夏野菜の種類や特徴		・絵本、紙芝居
	11:00		②栽培の経過・手順		
	11:05			③夏野菜の働きや効能	
	11:15	④栽培の観察や収穫の感想を発表し合う			★後日、④の発表内容を絵にする
	11:30	・収穫物を洗浄し、味わう		★収穫物での献立展示	・夏野菜レシピ
まとめ	11:40	・食べ物に親しみ、食べることに興味を持つ	・収穫活動を通して、生長することの大切さを伝える	・夏の健康と食べ物や食べ方を理解させる	・「がんばりカード」記入

😊 反省・評価

★1　栽培・収穫活動後に行なう観察や感想の発表内容を、チェックする

★2　収穫中や試食場面での子どものようすをビデオ撮影し、言動や行動を分析する
　①どんな言葉が発せられたか
　②表情はどうか

★3　栽培・収穫活動の絵を展示し、父母の意見や感想を集約する

★4　★1、★2、★3の結果から、食育活動の効果を、職員間で話し合いまとめる

I-3　3・4・5歳児の月週・日案

9月のテーマ
行事を楽しむ ～世代間交流と食べ物～

「敬老の日」に地域のお年寄りをお招きして「食事会」を開催してみませんか。

核家族化や少子化がどんどん進み、人と人とのふれあいの場が少なくなってきた今こそ、人のぬくもりを感じさせる集団の中で、世代間交流の場を活かした食育活動を展開し、「食」のもつ大切さをあらためて子どもたちと共に考え見直していきたいものです。「いっしょに食べたい人がいる」や「食生活や健康に主体的にかかわる」といった、食を営むうえで必要な能力を育むためにも、こうした体験的な学習の場は欠かせません。

また、お年寄りとともに和やかに食べる体験は、年長者をいたわり、思いやる心を育てる場としても重要で、家族の連帯感や地域との連携を深めるとともに、子どもみずからが社会の一員として生きることを体得していきます。

9月の計画（月週案）

<ねらい>
- 第1週目　食べ物と健康とのかかわりに気づく
- 第2・3週目　世代間での交流を深め、今と昔の食べ物の違いを知る
- 第4週目　世代間で好む食べ物の違いを知り、献立や調理の大切さを考える

週	内容(子どもの活動目標)	環境構成と援助のポイント
1	・お年寄りとのふれあいを通して、敬老の意義を知る。 ・お話を通して、食べ物と健康とのかかわりに気づく。	・お年寄りを招いて、「私の子ども時代と食べ物」のお話を聞く。 ・長寿や健康保持は、食べ物とのかかわりが大きいことを伝える。
2・3	・お散歩の途中、お年寄りとあいさつを交わす。 ・今と昔の食べ物やおやつの質の違いを知る。 ・給食に携わる業者のお年寄りを招き、「ふれあい体験・食事会」を体験する。	・地域のお年寄りが集まる所を、お散歩ルートの中に設定する。 ・「実物大料理写真カード」で、今と昔の食べ物やおやつの質の違いを理解させる。 ・世代間交流の場として、「ふれあい体験・食事会」を企画し開催する。
4	・お年寄りといっしょに食べ、楽しい時間を過ごしたことを家族に報告する。 ・お年寄りの好きな食べ物や献立、食べやすい調理のしかたを知る。	・お年寄りの食事について、その食べ方や組み合わせを「簡単レシピ」で紹介する。

家庭との連携
- 連絡帳や懇談会を通して、子どものようすや成長を伝え合う。
- 食育だよりを作成する。

9月のある1日の日案（食育活動の内容と展開）

組・人数	組（男児　　　名：女児　　　名）合計　　　名			
主活動	給食に携わる業者のお年寄りを招待して、いっしょに食事を楽しむ			
ねらい	ふれあい体験・食事会を通して世代間交流を図り、楽しく過ごす			

食育活動の内容と展開

日・時	子どもの活動	対応のしかた		環境のポイント留意点など
		保育室から	調理室から	
導入 10:45	・お招きの準備をする 　部屋を飾る 　花を飾る	・係の確認 ・席の配置指示 ・食事の環境準備開始	・食事の準備中 ★献立とその素材を展示	・食事交流会に至るまでの写真をコーナーに展示する
展開 11:15 11:30 11:45	・最終チェック ・お招き開始 　席に案内 ・交流食事会開始 ★開会のあいさつ、 　歌を歌う	「さあ、始めましょう」 ★司会進行「いつもお世話になります」 ・八百屋・魚屋・肉屋・酒屋・パン屋・ 　お菓子屋などを紹介する	献立配布、レシピ用意 ★献立や料理に生かされている素材の説明をする	★「今・昔」の食べ物やおやつを展示する ・お年寄りが子どものとき聴いた音楽や歌を流し、ゆったりした雰囲気をつくる
12:25 12:40	★プレゼント ★閉会のあいさつ ・交流食事会終了 ・かたづけ開始			★後日、会の思い出を絵画製作する
まとめ	・お年寄りをお招きし、いっしょに楽しい時間を過ごす	・世代間交流会を通して敬老の意義を理解させる	・長寿や健康と食べ物・食べ方の関係を理解させる	★ふれあい体験：「がんばりカード」に記入

😊 反省・評価

★1　「ふれあい体験：がんばりカード」からチェックする
　①お年寄りに対する接し方はどうであったか（態度、関心、意欲、会話　など）
　②会終了後、子どもたち同士の話題やその内容はどうであったか

★2　交流会後に製作した「思い出の食事会」の絵でチェックする
　①全体の構図や色彩はどうか（タッチは伸びやかで、明るいか）
　②表現内容は何をとらえているか（何を、どのように描いているか）

★3　★1、★2の結果を家庭との懇談会で報告し話し合って、食育活動の効果を探る

I-3　3・4・5歳児の月週・日案

10月のテーマ
バイキング ～3色を選び青空レストランで食べる～

　バイキングは、子どもみずからの意志で食べ物を選び、皿に取って食べるという食事形態です。この活動を取り入れることにより、毎日繰り返される食事に変化をつけ、食べる意欲を育てるチャンスにもなります。「バランスよく選んで食べる」といったねらいをはっきり示して進めると、「食生活や健康に主体的にかかわる」といった態度も身についてきます。

　食事は子どもが自立を獲得していくプロセスです。みずからの食生活を主体的に営むスキル（能力）を育てるためにも、しぜんにバランスよく選んで食べる方法を模索してみましょう。

　バイキングを通し、「収穫の秋」「味覚の秋」「食欲の秋」を満喫してみませんか？

10月の計画（月週案）

＜ねらい＞
- **第1週目**　食品や料理の名前を知る
- **第2週目**　食べ物は、栄養の働きにより3つのグループがあることを知る
- **第3週目**　調理室を見学し料理が作られていくプロセスを知る
- **第4週目**　3つのグループ（お皿）から選んで食べる力を身につける

週	内容（子どもの活動目標）	環境構成と援助のポイント
1	・基本的な料理の名前とその料理に使われている食品や素材、旬の名前を覚える。	・給食時に、今日の料理名と使われた食品や素材、旬の名前を教える。
2	・3色（黄・赤・緑）食品群の働きを知り、食べ物を3つのグループに分類できる。	・紙芝居や絵カード、収穫野菜や給食を媒体とし、3色食品群の働きを教える。
3	・煮る、焼く、いためる、揚げるなど、食材の持ち味を活かした調理の方法を知る。	・給食時に、今日の献立名と料理に用いられた食材やその調理方法を説明する。
4	・3つの色別大皿からバランスよく自分の皿に選び、楽しく食べることを体験する。	・食品や惣菜を大皿に盛り、黄・赤・緑の3色のグループに分けて配膳しておく。 ・バイキング用の食器や食具、食卓の準備と、青空レストランの設営をする。

家庭との連携
- ・1食に3色（黄、赤、緑）の食材がそろっているか、食事内容をチェックし合う。
- ・食育だよりを作成する。

10月のある1日の日案（食育活動の内容と展開）

組・人数	組（男児　　　名：女児　　　名）合計　　　名			
主活動	バイキング活動（3色を選んで、青空レストランで食べる）			
ねらい	みずからの食生活を、主体的に営むスキルを育てる（バランスよく選んで食べる）			

食育活動の内容と展開				
日・時	子どもの活動	対応のしかた		環境のポイント 留意点など
		保育室から	調理室から	
導入 9:00 9:30 9:45 10:00	・保育室に集合 ・エプロン着用 ・つめ切り、手洗い	・人数の確認 ・（ホール）配置指示 ・小皿、サーバー確認 最終チェック ★食材絵カードを用いて取り方説明	・食材を調理 ・食材をホールに移動 ★大皿コーナー 黄皿 赤皿 緑皿 ★小皿への取り方： 実物見本を展示	★献立に使用した素材を3色の食品群に分けて展示 食材絵カード 紙芝居 ・バイキング活動チェックリスト作成
展開 10:30 11:00 11:15 11:30 11:50 12:20 12:30	・ホール集合 取り始める ・取り終わり あとかたづけ ・着替えをする ・移動 ・掃除	★バイキング開始「さあ、始めましょう」 食べ切れる「量」を「3色バランス」よく ★青空レストラン開店 「いただきます」 「ごちそうさま」		・ビデオ撮影 ・青空レストランのセッティング
まとめ	・黄、赤、緑のお皿からバランスよく、選んで食べる	・バイキングを通して、主体的に自分の食生活を営む力を育てる	・3色食品群を通して、健康的に自分の食生活を営む力を育てる	★ふれあい体験： 「がんばりカード」に記入

反省・評価

★1　「ふれあい体験：がんばりカード」からチェックする
　①自分で食べきれる量であったか（食べ残しや残菜量はどうか）
　②バランスの取れた選び方であったか（3色食品群に偏りはなかったか）
★2　バイキング活動チェックリストから判定する
　①料理を取る器具はじょうずに使えたか
　②先生や友達とどんな会話ややりとりがあったか
★3　青空レストランで食べ方を観察する（表情や会話はどうか、よくかんでいたか）
★4　★1、★2、★3の結果を職員間で報告し合い、「選んで食べる」食育活動の効果を探る

I-3 3・4・5歳児の月週・日案

11月のテーマ
体作りはバランスの取れた食事から

「何を、どれくらい、どう食べたらいいの？」

子どもが、食べ物を食べて体作りを意識し、みずからの適量や楽しさ、所要量を獲得していくには、良識を持った大人が絶えずサポートしていくことが必要です。子どもが「よくかんで食べるようになった」「食べ物や体のことを話題にするようになった」……そんなとき、生活態度が変わり、急に意欲的になって驚いたことはありませんか。

子どもといっしょに、食事作りや準備にかかわりながら、体作りのための「食べる力」をどう育てるか、食育の原点がそこにあるように思います。子どもの食生活を、いかに健康的に演出するか、まさに大人の意識にかかわっているといっても過言ではありません。

11月の計画（月週案）

〈ねらい〉
- 第1週目　1日3食とおやつを規則正しく食べる
- 第2週目　食べ物の働きを理解して食べる
- 第3週目　主食、主菜、副菜をバランス良く組み合わせて食べる
- 第4週目　食事やおやつの質や量、食べ方に気をつける

週	内容（子どもの活動目標）	環境構成と援助のポイント
1	・子どもたちが自分の「食べ方」をチェックして、食事バランスの大切さに気づく。	・朝、昼、夕、規則正しくバランス良く食べているかを確認する。
2	・給食の食材を、その働きにより3つのグループ（黄、赤、緑）に分けることができる。	・給食の献立は、3色に分けたグループの食品がバランス良く組み合わされていることに気づかせる。
3	・主食（黄）、主菜（赤）、副菜（緑）、汁ものを4つそろえて食べることを覚える。	・主食・主菜・副菜・汁ものなどを示した「ランチョンマット」を用いて、料理の組み合わせ（一汁三菜）を理解させる。
4	・絵本や媒体を通し、虫歯や肥満になる原因を知り、「食べ方」を意識する。	・子どもにとってのおやつは食事の一部であることを「家庭」にも理解させる。

家庭との連携
- 「親子クッキング」を開催し、食材の選び方、組み合わせ方、食べ方を学習し合う。
- 食育だよりを作成する。

11月のある1日の日案（食育活動の内容と展開）

組・人数		組（男児　　　名：女児　　　名）合計　　　名			
主活動		親子クッキング（バランス良く組み合わせて楽しく食べる）			
ねらい		おやつ作りを通して、食材の選び方、組み合わせ、食べ方を学ぶ			
食育活動の内容と展開					
日・時		子どもの活動	対応のしかた		環境のポイント 留意点など
			保育室から	調理室から	
導入	5週間前		・親子クッキング実施「担当者会議」 ・職員会議で実施要領を伝える		・年間計画に入れる ★当日の進行表作成 ・エプロンシアター
	2週間前	・ワクワクしながら、当日を待つ	・親子クッキング開催のお知らせ	・献立作成 ・材料発注、手順確認	・絵本を選ぶ
	当日			・レシピ作成、配布	★おやつの良い・悪い見本を展示
展開	13:10	・身じたくの準備	・集合：絵本『しろくまくんのホットケーキ』を読む		
	13:30	・「親子クッキング」開始	★エプロンシアターでおやつの意義を伝える ・レシピ配布 ・実習のヘルパー	★作り方を説明する 巡回して作り方指導	・音楽を流し、ゆったりした雰囲気 ・季節感のある試食室作り
	14:10 14:20	・試食室に移動 ・「親子会食」開始	・「いただきます」		・音楽を流す
	14:50 15:00	・会食終了 ・かたづけ開始	・「ごちそうさま」		
まとめ		・バランス良く食べる習慣を身につける	・食事の意義を伝え、食べる意欲や楽しさを育てる	・食べ物の働きやバランスのよい組み合わせ方を教える	★ふれあい体験 ・「がんばりカード」に記入

😊 反省・評価

★1　「がんばりカード」からチェックする
　①おやつ作りは楽しかったか（態度、意欲、会話　など）
　②体作りのおやつについて理解できたか（興味、関心度　など）
　③でき上がったおやつを、黄・赤・緑のグループに分類できたか（バランス）
★2　「ふれあい体験：親子クッキング」からチェックする
　①時間内に作ることができたか
　②身近な器具を用いて、だれ（親・子）がやっても失敗なくできたか
　③子どもの嗜好に合い、おやつの条件（栄養所要量の15％前後）が守れたか
　④カルシウムやビタミンが不足していなかったか
　⑤でき上がりの栄養バランス（組み合わせ）はどうだったか
★3　★1、★2の結果をもとに、職員間で考察し合い、「家庭」に食育活動の効果を伝える

I-3　3・4・5歳児の月週・日案

12月のテーマ
行事を楽しむ ～園で教えるホームパーティのお手伝い～

　子どもたちが「楽しく食べる」ことを、より身近な行為として体験させるために、どんな働きかけをしていますか?

　「楽しく食べる」ためには、作る人が見え、食べている人の声が聞こえるような、大人と子どもとの良好な関係が必要です。人とのかかわりが豊かに感じられる食環境の中で、料理作りや準備に参加させましょう。

　いっしょに作り、みんなで食べるのは楽しい活動です。子どもはお手伝いを通し、模倣しながら、食生活を営むための技術的な能力を身につけていきます。

12月の計画（月週案）

<ねらい>
- ★第1週目　食事作りや準備に関心を持つ
- ★第2週目　食事の準備や後かたづけのための生活動作を身につける
- ★第3週目　食事作りのための調理操作を身につける
- ★第4週目　「ハッピーランチ」（準備・調理係に分かれて、いっしょに作って食べる活動……右ページ参照）で食事を楽しむ

週	内容（子どもの活動目標）	環境構成と援助のポイント
1	・食材や食事が作られる過程に関心を持ち、「作る、食べる、後かたづけ」を理解する。	・食材や料理名、その調理方法を伝える。 ・当番活動を通し、食事の準備やあとかたづけの必要性を伝える。
2	・給食の当番活動から、食事の準備と後かたづけを体験して身につける。	・「当番カード」で、準備や後かたづけの手順を教え、段階的に練習させる。
3	・クッキング活動やお手伝いを通して調理に関係する操作を身につける。	・調理室公開の日を設け、調理器具や機器を説明して仕事のようすを見学させる。 ・手指や全身運動の発達にそった「お手伝いプログラム」を作成し、活動する。
4	・お友達といっしょに作って食べる「ハッピーランチ」で、楽しい食事を体験する。	・子どもの発達を目安に担当の係を分担して、当日は当番活動として進める。

家庭との連携　・お便りや連絡帳で子どものようすを伝え合い、「お手伝い」を懇談会の議題にする。

12月のある1日の日案（食育活動の内容と展開）

組・人数	組（男児　　　名：女児　　　名）合計　　　名				
主活動	ハッピーランチでの係当番活動				
ねらい	食事作りや準備の過程を覚え、家庭でもみずから進んでお手伝いをする				
食育活動の内容と展開					
日・時		子どもの活動	対応のしかた		環境のポイント 留意点など
			保育室から	調理室から	
導入	10:45 11:15	・集合 ・身じたく ・係ごとに分散	・係の確認 ・準備係の活動援助 ・最終チェック「さあ、始めましょう」	・食事の準備中 ・調理係の活動援助	・お手伝い ・「手順カード」作成 ・係分担表を掲示 ★台ふきん作成
展開	11:30	・お手伝い「準備」 ・開始	・手順を教える ①台ふきんで食卓をふく ②食卓クロスを敷く ③食卓花を飾る ④食器を配膳する （和・洋の並べ方）	・操作のしかたを教える ①野菜を洗う ②包丁で切る・開缶 ③材料を量る ④盛り付ける （和・洋・中の特徴）	
展開	12:25 12:40	・着替えて、会食 ・「いただきます」 ・「ごちそうさま」	・ハッピーランチ開始 はしの使い方、食器の持ち方をチェック		・食卓音楽の選曲 ★食器ふきん作成
		・お手伝い 「後かたづけ」開始	⑤食器を下げる 台ふきんで食卓をふく ⑥食堂を掃く	⑤食器を洗う ⑥ふきんで食器をふく ⑦調理室を掃く	
まとめ		・食事作りや準備に興味を持ち、みずから進んでする	・食事の「準備」や「後かたづけ」の手順、やり方を教える	・お手伝いの「調理操作」や「食器洗浄」の手順やり方を教える	★ふれあい体験：「がんばりカード」に記入

😊 反省・評価

★1　「ふれあい体験：係の活動」からチェックする
　①準備係（食事前）：食卓のふき方・テーブルクロスの広げ方・食器の並べ方
　　　　　　（後かたづけ）：食器を流し場まで運ぶ・食卓と床の清掃
　②調理係（調理中）：食材の正しい洗い方・包丁の使い方・盛り付け
　　　　　　（後かたづけ）：使用後の食器の洗い方・扱い方・調理室の清掃
★2　家庭への聞き取り調査からチェックする
　①子どもみずからが進んで手伝いをするようになったかどうか
　②ハッピーランチ後、食事作りや準備への関心度が高くなったかどうか
★3　★1と★2の結果を、家庭との懇談会で報告、話し合い、食育活動の効果を探る

I-3　3・4・5歳児の月週・日案

1月のテーマ
行事食や伝統料理のいわれを伝える

新しい年の始まりは、「おせち料理」と「お雑煮」を食べて祝います。
「おせち」は、もともとお節句が変化した言葉ですが、桃の節句、端午の節句、七夕、重陽（ちょうよう）（9月9日）など、年に5回ある節句の日に、神様のお供え物として料理したのが発祥です。行事食や伝統料理は、「ハレの日」の特別な食事というだけではなく、生活にめりはりをつけることができ、共食しながら、人の暮らしに対する認識を育てます。

食に対する感謝の気持ちや、食べることに込められた祈りを通し、子どもたちに「行事食の意義」を伝えましょう。親から子へ、子から孫へ、人から人へと日本の文化伝承を受け継ぎ、「食事を作ること」「いっしょに食べて祝うこと」の尊さを、子どもと共に再認識したい大切なときです。

1月の計画（月週案）

＜ねらい＞
- **第1週目**　お正月の生活を通して暮らしにふれ、行事や行事食に関心を持つ
- **第2週目**　お正月の行事「鏡開き」を通して、行事食に込められた願いに気づく
- **第3・4週目**　年中行事に食べる食事のいわれを知り、行事食の意義を理解する

週	内容（子どもの活動目標）	環境構成と援助のポイント
1	・「年中行事すごろく」を通して、お正月の行事と食べ物の名前やいわれを知る。 ・食育カルタを通しておせちのいわれを知り、我が家のお雑煮の特徴を見つける。	・手作り食育カルタを使い、「新春・子どもカルタ大会」を開催する。 ・食材カルタで、おせち料理とそのいわれ（家族の健康や豊作の祈り）を伝える。 ・料理カルタで、地域や家庭によって異なる「食材の使い方」「料理のしかた」を伝える。
2	・お供えした餅を割り、「おしるこ」に入れて、みんなといっしょに行事食を楽しむ。	・「鏡開き」のいわれ（開運）を伝え、食べ物に込められた先人の祈りに気づかせる。
3・4	・絵や文字、数を使って、「子どもをめぐる年中行事と食」カレンダーを作成する。	・行事や行事食のいわれ、行事の迎え方など、行事を祝う心を育てる。 ・子どもたちの発想を大事にしながら、夢や願いを盛り込むように援助する。

家庭との連携
・連絡を密に取り、家庭での行事の取り組みを通して、生活習慣を見直していく。
・食育だよりを作成する。

1月のある1日の日案（食育活動の内容と展開）

組・人数	組（男児　　　名：女児　　　名）合計　　　名			
主活動	新春・子ども食育カルタ大会（おもしろ食育カルタで遊ぼう）			
ねらい	おせち料理やお雑煮のいわれを知り、行事を祝い食する心を育てる			

食活動の内容と展開

日・時		子どもの活動	対応のしかた		環境のポイント 留意点など
			保育室から	調理室から	
導入	10日前	・大判の厚手画用紙に線を引き、必要な枚数を準備 ★オリジナルのカルタ製作	・製作（内容）分担 ふるさとシリーズ ファミリーシリーズ ・おせちのいわれ ・お雑煮いろいろ	・製作（内容）分担 おせちシリーズ お雑煮シリーズ ・食材の使い方 ・料理のしかた	・製作の手順を絵カードで示す **伝統を学ぶコーナー** ①餅つきのいわれ ②正月の餅 　お供え餅：鏡餅 　食べる餅：雑煮 ③お正月の行事と食べ物 ④おせち料理とそのいわれ ⑤全国の雑煮 **ビデオ撮影**
	7日前	・会場（ホール）に集合：自分の得意なグループに入って製作する （絵のグループ、字のグループ、文のグループ　など）			
展開	10:00 10:10 10:20 10:40 11:00 11:20	会場に全員集合 ★開会のあいさつ ・開始 ・数グループに分かれてカルタを楽しむ	★新春・子ども食育カルタ大会開始 ・保育者が読み手になり、カルタをする		
	11:40 11:50	・終了 ★閉会のあいさつ			
まとめ		・家族・先祖、自然・食べ物へ感謝の念が芽生える	・行事のいわれを伝え、人の暮らしに対する認識を育てる	・郷土や家庭により異なる、伝統の味を継承し伝えていく	★ふれあい体験：「がんばりカード」に記入

反省・評価

★1 「伝統を学ぶコーナー」での理解度からチェックする
　①行事の日におもちを食べることが多い訳を、理解したかどうか
　②お正月を祝うお餅の種類とそのいわれを、理解したかどうか

★2 「オリジナルのカルタ」製作から判定する
　①自分のやりたい分野を選択し、意欲的に製作に関わっていたか

★3 「新春・子ども食育カルタ大会」での理解度からチェックする
　①お雑煮の「食材の使い方」や「料理のしかた」が、地域や家庭により異なっていることを理解したかどうか
　②おせち料理の中身のいわれを、理解したかどうか
　③ビデオ観察から表情や言葉、会話の内容を分析し、理解度をチェックする

★4 ★1、★2、★3の結果を職員間で検討し、行事や行事食に関心や興味を持ったか探る

I-3 3・4・5歳児の月週・日案

2月のテーマ
マナーや生活力のチェックリスト作成

暦のうえでは立春、「豆まき」をして春を迎えましたが、1年中でもっとも寒さが厳しい時期です。しかし、1年間の食生活のあり方が、子どもの姿に現れる、園での「食生活のまとめ」の月でもあります。楽しかった食事、うれしかった食事、食事場面の中でできるようになったことなどがいろいろ思い出されます。

子どもたちは、自分自身の成長を振り返り見直すことで、自信を持ち、さらに前進していきます。生活態度や生活習慣、生活動作を中心に、どの程度マナーや生活力が身についてきたか、子どもが自分自身でできるようにチェックリストを作成し、満足感や達成感を体験して得た自信をさらに高め自律心の育ちにつなげる活動内容を検討しましょう。

2月の計画（月週案）

<ねらい>
- **第1週目** 食事のルールややり方を友達といっしょに作る
- **第2週目** 人のために何ができるかを考え、係の活動を通して体験する
- **第3週目** 共食を通して共に生活をしていくためのマナーを身につける
- **第4週目** 立ち居振る舞いや言葉の美しさに気づく「食卓マナーの日」を設定する

週	内容（子どもの活動目標）	環境構成と援助のポイント
1	・みんなと「楽しく食べる」ためには何が必要かを話し合い、ルールを作っていく。	・子どもたちの考えを生かすために見守り、困っているときにのみ援助する。
2	・友達のよさに気づき、認めたり受け入れたりして、信頼関係の基を築く。	・子どもがいいと思ってしたことを、認め、励まし、やる気を高めるように接する。
3	・互いの考えや行動を受け入れ、場の使い方の工夫や時間的な見通しがたてられる。	・ゆったりと落ち着いた食事環境に配慮し、適切な場所や席の並べ方などを工夫する。
4	・マナーがいくつ身についたかをチェックし、これからの生活に足りないことを知る。	・チェックの結果から子どもの育ちを確認し、明日からの手だてを考える。

家庭との連携
・マナーの大切さなどを、おたよりでイラストなども交えながら楽しく伝える。

2月のある1日の日案（食育活動の内容と展開）

組・人数	組（男児　　　名：女児　　　名）合計　　　名			
主活動	食卓マナーの日（いくつできるかな？マナーをチェックする）			
ねらい	共通認識を持って生活し、共に食生活を送る快適さを身につける			

			食育活動の内容と展開		
日・時		子どもの活動	対応のしかた		環境のポイント 留意点など
			保育室から	調理室から	
導入	5週間前 3週間前 3日前		★チェックリスト作成・打ち合わせ会議 ①テーマ、内容、進め方を話し合う ②分担や取りまとめの役割を決定 ★チェックリスト作成の途中経過報告 ★最終確認会議		**作成上の配慮点** ①わかりやすさ ②答えやすさ ③楽しさ（イラストなどを挿入） ④進めやすさ ⑤結果は求めない
展開	10:30 10:50	・会場に集合 ・食卓マナーチェックリストに記入する	★「始めましょう」 食卓マナーのチェック中 ★「いくつできたかな？」		
まとめ		・自身の生活を振り返り、現状を見直すきっかけをつかむ	・問いかけ、目標を持って生活する大切さをわからせる	・生活を見直し、快適な食生活のしかたや過ごし方を伝える	★ふれあい体験： 「がんばりカード」に係活動を記入

いくつできるかな？ 食卓マナーをチェックしみよう

くみ：　　　　　　なまえ：　　　　　　　　　

「はい」は○
「いいえ」は×
「ときどき」は△、をつけましょう

①じぶんから　しょくじの　じゅんびを　てつだいます。
②じぶんから　しょくじづくりを　てつだいます。
③みんなで　たべるのが　たのしみです。
④たべる　まえには　「いただきます」を　いいます。
⑤ごはんの　じかんは　テレビを　みません。
⑥おくちを　とじて　よく　かんで　たべます。
⑦せなかを　ぴんと　しせいよく　すわって　たべます。
⑧たべおわったら　「ごちそうさま」を　いいます。
⑨つかった　はしや　しょっきは　じぶんて　かたづけます。
⑩みんなと　ちからを　あわせて　かたづけます。

反省・評価

★1　「食卓マナーチェックリスト」から現状を把握する
★2　「ふれあい体験：がんばりカード」から、人のためにした係活動の内容を評価する
★3　★1と★2の結果を「保護者会」などで報告し、家庭と連携を取り合う

I-3　3・4・5歳児の月週・日案

3月のテーマ
園での食事に感謝する

1年間の保育をまとめる3月……。卒園または進級に向けて、さまざまな活動が進められていきます。食生活においても、子どもたちはいろいろな体験を通して自信を得て卒園・進級できるように、準備を図っていく時期でもあります。

子どもそれぞれの力を十分に発揮できる、活躍の場があるように計画をたて、楽しく食事をしながら過ごすことができる「お別れ会」を開催し、園生活での「食」の思い出づくりを演出してみましょう。

子どもたちは、楽しい会食を通して卒園や進級の意味を受け止め、祝ってくれる人たちの温かさを感じることにより、感謝の気持ちを持ち続けることでしょう。

3月の計画（月週案）

＜ねらい＞

- **第1週目**　壁面に「思い出ランチ」を描き、食事を味わって食べる気持ちを表す
- **第2週目**　プレゼントや招待状作りを通し、いっしょに食べたい人がいる気持ちを伝える
- **第3週目**　「お別れ会」を開催し、食事作りや準備にかかわることを体験する
- **第4週目**　「給食ありがとうの日」を設定し、園での食事に感謝する気持ちを表す

週	内容（子どもの活動目標）	環境構成と援助のポイント
1	・園での食生活を振り返り、調理室の外壁に「思い出ランチ」の寄せ書きをする。（5歳児）	・子どもたちの食事に対する思いを尊重し、壁に寄せ書き用の大きな紙をはる。
2	・主食、主菜、汁物、副菜、はしを記したランチョンマットを作成する。（4歳児）	・年長児のために、友達同士で教え合い協力し合って作成している姿を見守る。
3	・当番を通して園の伝統や習慣を覚え、引継ぎを通して別れの心情を味わう。（3・4・5歳児）	・会の流れや係の仕事など、自分のすることに見通しを持つように援助する。
4	・体を作ってくれた食事に感謝し、調理室のようすを絵に描く。（4歳児）	・食生活や健康に主体的にかかわるような体験的な活動を設定し、いっしょに取り組む。

家庭との連携
- 規則正しい食習慣を身につけることと、「いただきます・ごちそうさま・ありがとう」の1日3回運動を展開する。
- 食育だよりを作成する。

3月のある1日の日案（食育活動の内容と展開）

組・人数	組（男児　　名：女児　　名）合計　　名			
主活動	「お別れ会」での係当番活動			
ねらい	係当番を通して園の伝統や習慣を覚え、引継ぎを通して別れの心情を味わい、いっしょに楽しく食べて、園での食事に感謝する			

食育活動の内容と展開

	日・時	子どもの活動	対応のしかた（保育室から）	対応のしかた（調理室から）	環境のポイント 留意点など
導入	2週間前	★思い出ランチ壁面 ★自分の係を選ぶ 係当番活動開始	・係当番表を作る ・進行表を作る	・大きな紙をはる	・子どもの活動を見守る
	1週間前	①プログラム作り ②招待状作り ③プレゼント作り			・招待状（＝前日） 年長児に渡す
	前日	④会場飾り付け ⑤会場セッティング		・調理作業	
	10:30 11:20	⑥料理の手伝い 料理を並べる			
展開	11:45	・会場に集合	・「お別れ会食を始めましょう」		
		・プレゼント贈呈 「ありがとう」			・プレゼント： 当日年長児に渡す
	12:30	★「いただきます」 ・おしゃべりタイム ★「ごちそうさま」 ★「ありがとう」			・園の食事1年間の ビデオ上映
まとめ	1週間後	★調理室のようすを絵に描く	・褒める・励ます	・感謝する	「がんばりカード」に記入し、1年間の記録としてプレゼント
		・楽しく食べるための行動が身についた	・意欲や心が育った	・五感や体が育った	

😊 反省・評価

★「思い出ランチ」の絵の内容から、味わって食べられるようになったか

★「招待状やプレゼント」を製作することにより、共食する楽しさを知ったか

★「係当番」の活動状況から、食事作りや準備にかかわる行動が身についたか

★食事中など保育活動の中で、食べ物や体作りに対する話題があったか

★規則正しい食事のリズムを持ち、「いただきます・ごちそうさま・ありがとう」と1日3回感謝しながら、食事の前に空腹だったかをチェックする

I-4 定番テーマの食育計画

保育で定番のイベントなどから食育計画を考えていきます。年齢の表記はあくまで目安ですので、発達を押さえながら各年齢に合った計画を立案しましょう。

🌸 テーマ 「レストランごっこ」から（異年齢でも）

　人間関係が希薄化してきたといわれる昨今ですが、子どもみずからが元気で楽しく、意欲的にいろいろな人たちとかかわって暮らすための生活力をどう育てるか、保育者として、いつも考えておきたいところです。

　十分な睡眠とバランスのよい食事、適切な運動と休養など、基本的な生活リズムの確保こそ、すべての活動につながる意欲の源であり、子どもの自立をうながします。しかし、現状では、大人の夜型の影響を受け、子どもの生活リズムが失われがちです。生活リズムの中でも食事は最も基本的なものです。子どもひとりひとりの発育状態に合わせて、食事のリズムを習慣化していく必要があります。

　みんなで食べると意欲的になったなどと集団的にとらえるだけでなく、食育計画を保育内容の中に組み入れて実施し、共食や会食での育ちを知って、各家庭へ発信していく時です。ルールやマナー、会話などを含めた社会性を、子どもひとりひとりがみずから身につけていくには子育てを担当する大人側の連携が大切です。

　保育者や友達との和やかなふれあいを通して自己の存在に気づき、満足感を体験することで、子どもの心は安定します。食の営みは生きる力。意欲的な生き方を育てる源であり、子どもが自立を獲得していくプロセスなのです。

😊 健康な生活リズムは、子どもの「安定感」を育てます

　子どもの「疲れた」「めんどうくさい」の言葉に、生活時間の乱れが見られませんか？
　生活リズムの乱れは子どもの自立を妨げ、活動意欲の減退につながっていきます。かつて「キレる」子どもの食生活が話題になりましたが、家族がそろって囲む食卓は、健康な生活リズムの確保と、子どもの「心の安定」には必要不可欠です。

😊 共食の楽しさや共感できるうれしさは、子どもの「満足感」を育てます

　3歳児の場合は大人との1対1でのかかわりから、友達の存在に気づき、食事場面でもまねが多くなります。この時期は配置や席決めに留意し、共食の楽しさを伝えましょう。

　4歳児の場合はまだまだ自分がいちばんであり、自分のよい所も悪い所も気づきません。しかし、同じ思いを共有できるようになり、そのため同じような好みを持ったグループができてきます。そのときは、テーブルクロスで食卓を共有したり、バイキング方式やパーティ形式などの場を設定し、共食して共感できるうれしさを育てましょう。

　5歳児の場合は他人の長所や短所にも気づきます。同時に自分の未熟さも知り、落ち込んだり疎外感を味わったりします。しかし、人といっしょにいることで乗り越え、友達といっしょの楽しさやおもしろさ、安心感が育ちます。食事前後の当番活動などを通し、お互いの存在の必要性に気づかせ、人の役にたつ喜びにつなげて、責任感や満足感を育てましょう。

「レストランごっこ」からの食育計画と展開

食育活動の目的
Ⅰ 人とのかかわり合い方を学ぶ
Ⅱ 文字や数量を理解する
Ⅲ 体験的な活動を通し、意欲を育てる

★3・4・5歳児の発達にそった食育計画

組・人数	組(男児　　名：女児　　名)合計　　名				
主活動	レストランごっこ				
ねらい	・看板、メニュー、お金作りを通し、文字や数字、色彩への理解を促す ・役割分担(お店の人、お客　など)を通し、人とのかかわり合い方を知る ・レストランごっこを通し、ルールやマナー、会話する力を養う				

食育活動の内容と展開

日・時	子どもの活動(内容)			保育者のかかわり (留意点など)	環境構成
	3歳児	4歳児	5歳児		
導入 7日前 5日前		・看板の作成 ・クロス用意	・メニュー作成 ・お金を作成	・文字や数に触れさせる、レストランのきまりを決定、役割分担	・音楽選曲 ・食卓花を飾る
2日～前日 当日	・客で参加	・食卓椅子のセッティング ・客で参加	・エプロン・帽子用意 ・お店の人の身じたく	・意欲を育てることばがけ ・成長を認めることばがけ	
展開 10:30	・着席	・着席 ・ルールを知る	・席に案内 ・「いらっしゃいませ」	・食事時間を楽しむ演出や人とのかかわり方を教える	・開店 ・音楽を流す
10:35	・注文する 待つ	・注文する ・会話して待つ	・注文の確認、調理 ・配膳	・3歳児：食事のルールやマナーを遊びに取り入れる	
10:40	・「いただきます」	・食べ始める ・マナーを守る	・「どうぞ」 ・「おめしあがりください」	・4歳児：自分の好きな食べ物を通し、文字、数を理解させる ・5歳児：会話する楽しさや人の役にたつ喜びを体験させる	
11:00		・食べ終わる	・かたづけ		
まとめ 11:05	・「ごちそうさま」	・「おいしかった」	・「ありがとうございました」	・言葉を交わす心地良さを理解させる	・閉店
11:10		・かたづける	・かたづける		
11:15	・手伝う	・感謝の気持ちを伝える	・お金の必要性に気づく	・お金を通して、数の便利さに気づかせる	
11:30	・楽しさを体験する	・共感する気持ちに気づく	・役にたつ喜びを知る	・労をねぎらう	・反省会開催

I-4 定番テーマの食育計画

テーマ 「イモ掘り」から

収穫したものや身近な食材を使って、子どもと料理を作る調理保育を実施する園が多くあります。2004（平成16）年には『保育所における食育に関する指針』も作成され、全国的に食育への関心が高まっています。

しかし「食育」を実施するためには、子どもの育ちを把握し、その育ちにそった「ねらい（目的）」を設定して、それらを達成するという内容を盛り込んだ進め方でないと、その効果は望めません。

「食育」とは、食べることの意義や文化を伝え、子どもみずからが、食材や調理、栄養、健康とのかかわりを知って、生涯を健康的に暮らしていける生活力や、技術的能力を身につけるための活動です。したがって、そこには子どもの育ちを核にした職員間での話し合いがベースにあり、それらを見通した取り組み内容が必要です。「片手に食器を持ち、もう一方の手ではしがじょうずに使えるようになったよ」「じゃあ、そろそろクッキングを開始しましょうか」……、こういった子どもの育ちを見据えながら、活動を進めていくことが求められます。

育てたい「生活力」

幼児期前半は、手指などの運動機能や思考力、理解力の発達がまだまだ不十分です。食事は「作って、食べて、後かたづけ」この一連の食生活動作を年間や月間の指導計画を通して理解できるようにしましょう。

また、野菜などの栽培や毎日の当番活動などの体験から、食品や料理の名前を知ること、よくかんで食べることや、食事の前後のあいさつや感謝の気持ちをはぐくみます。

3歳児には、料理作り前後の手洗いを励行させましょう。また、いろいろな調理法があることを知り、食材の変化に興味を持たせると、料理のでき上がりをイメージするようになります。4歳児では、道具の正しい使い方を知ることにより、道具を使って作ることを楽しみます。

5歳児になって、自分の体に関心を持ち始めたら、食事と健康とのかかわりを伝えましょう。偏食や肥満、虫歯などの原因をわかりやすく伝え、自分の食べ方や生活のしかたを自分でコントロールできるように、その取り組み内容を設定しましょう。

調理保育のような体験的な学習方法は、子どもの意欲と生きる力を育てます。

実施するうえで「大切なこと」

①幼児の運動機能や発達状況、思考力に合わせた具体性のある指導計画であること。
②保育計画の中に位置付け、「ねらい」と「内容」、進め方については職員間で意思統一していること。
③おたよりなどで実施することを知らせ、家庭との共同事業として取り組むこと。
④衛生的に取り扱うことを意識して、作業の組み立てを考えること。

「イモ掘り」からの食育計画と展開

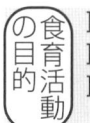

食育活動の目的
Ⅰ 健康的な生活を送るためには欠かせない、生活力や技術的能力を養う
Ⅱ 安全・衛生面での態度（身じたく、手洗い）や習慣を身につける
Ⅲ 料理作りを楽しみ、食べる意欲を育てる

★3歳児の発達にそった食育計画

組・人数	組（男児　　　名：女児　　　名）合計　　　名		
主活動	スイートポテトをつくろう		
ねらい	・収穫し調理して食べる体験を通して、食べ物を大切にする心を育てる ・調理方法の違いで、素材（サツマイモ）が変化する楽しさを知る ・子どもが使える道具を通して、安全や衛生面での態度を養う		
食育活動の内容と展開			
日・時	子どもの活動（内容）	保育者のかかわり（留意点）	環境構成
導入　7日前/3日前	・イモ掘りに行き掘り出したイモを数える ・イモを（たわしで）洗う	・イモの名前や種類を覚えさせる ・イモの皮むき（ピーラーで）を見せ、その使い方を教える	・畑の整備 ・道具を用意（皮むき・ビニール袋・なべ・ボール・ハケ・天板）
導入　前日	・皮むきのしかたを知る ・スイートポテトの作り方を知る	・スイートポテトのできるまでの作業過程を説明する	・材料（バター、砂糖、練乳、卵）を準備
展開　10:00 10:15	・エプロン、帽子を着ける ・手を洗う	・着け方を教え、援助する ・手指の洗い方を教え、援助する	（給食室で） ・イモを蒸し始める
展開　10:20	・蒸かしイモ、焼きイモ、イモ煮、天ぷらなどの調理法を知る	・調理方法の違いで、いろいろな料理ができることを伝える	・蒸かしイモ、焼きイモ、イモ煮、天ぷらを作る
まとめ　10:30	・ビニール袋に入れたイモを手でつぶす	・蒸かしたイモをビニール袋に入れて、子どもに渡す ・材料を入れ、味見をする ・見本を見せる ・給食室に依頼する	
まとめ　10:40 10:50 11:00 11:15 11:20	・材料をよく混ぜ合わせる ・取り出して4等分に分ける ・丸める ・天板に並べる ・ハケで卵黄を塗り、つやを出す		（給食室で） ・オーブンなどで焼く
11:30 11:45	・後かたづけをする ・生ゴミをコンポストへ	・ゴミの分別を指示する ・掃除当番にチェックを依頼	・テーブルセッティング
試食	・おやつの時間にみんなで食べる	・テラスで食べる	・食卓に花を飾り、音楽を流す
まとめ	・反省会をする	・褒める、励ます	

I-4 定番テーマの食育計画

🌸 テーマ 「はしの使い方」から

はしの正しい持ち方や使い方を、いつごろから、どう伝えていますか？

日本人の手さばきが不器用になったといわれて久しいですが、毎日繰り返される生活の中で、子どもたちが手や指を存分に使い、その操作法を身につけていくことは、生活習慣の定着や精神的な自立にとっても大変意義深いことです。

はしに限らず道（用）具の持ち方や使い方は、「子どもひとりひとりの生活技術を習慣化する」といった視点で進めていきましょう。

それには、全身の運動機能を観察し、食行動の発達にそった指導計画を設定して、まずは大人が、「正しいはしの使い方」の見本を示すことから始めます。

😊 手や指を使った生活ができる環境づくりを

かけっこをしたり簡単なルールを作ってごっこ遊びをしたりと、3歳児後半になると全身を使う運動遊びを楽しみます。また同時に、「ちぎる」「ねじる」といった手や指の操作性が高まるときでもあります。はしに興味を示すようになったら、「握る」「つかむ」「つまむ」「はさむ」「切り分ける」といった微細な手指の機能を促し、子どもが徐々に身につけていく環境づくりを設定しましょう。

食べるための技術能力を、食事に限らず生活全般の中で楽しく、繰り返し練習する場面が必要です。その際、大人は持てることと使えることを混同せず、気長にじっくりと付き合います。そのためには、以下について配慮することが大切です。

①子どもの食行動の発達に合わせた、はしや食器の「正しい使い方」に関心を持つ
②手や指の運動機能を高めるプログラムを設定し、遊びの中で楽しく練習する
③手を使わない簡単便利な生活様式に、子どもを巻き込まない

日常生活を通し、手や指を使う体験を重ねると、はしはじょうずに使えるようになってきます。

😊 本物のはしや食器で、ままごと遊びを

生活を通しさまざまなことに気づいてくる幼児期にこそ、ままごと遊びを通し「生活技術」や「生活動作」を育てましょう。

家庭から、使わなくなったおはしやお茶碗、お皿を提供していただき、保育室にままごとコーナーを作ります。家庭との共同作業で、遊びの中に本物を取り入れることにより、子どもたちはみずからが生活技術を習得します。

「はしの使い方」からの食育計画と展開

食育活動の目的
I　正しいはしの持ち方、使い方を習得する
II　いろいろなはし使いの操作を学ぶ
III　はし使いにかかわるさまざまなマナーを知る
IV　遊びを通して手指の運動機能を高める

★3歳児の発達にそった食育計画

組・人数	組（男児　　名：女児　　名）合計　　名
主活動	手や指を使う遊び（①ひも通し、②雪遊び）を通して、手指の運動機能をうながし、はしの正しい持ち方や使い方を身につける
ねらい	正しいはしの持ち方、使い方を習得する

食育活動の内容と展開

日・時	子どもの活動（内容）	保育者のかかわり（留意点）	環境構成
導入 10:50 11:00	・『はしのもちかた』を聞く ・はしの選び方を知る ・はしの正しい持ち方を知る ・はしの動かし方を知る	・『はしのもちかた』を読む ・見本を示す、いっしょに練習する ・手や指を使う遊び①（ひも通し）を作る。厚紙を食べ物の形に切って穴を多く開ける ・色違いの毛糸を3本用意する ・遊び①の遊び方を話す	・絵本を用意 ・はしを用意 ・遊び①ひも通し ・厚紙、毛糸を使って作成
展開 11:15 11:25 11:35	・ひも通し遊び①をする ・新聞紙の遊び②をする ・ままごとコーナーに移動する ・割りばしで、お手玉、おはじき、かまぼこ板などをつまむ ・本物のはしで食材をつまむ	・遊び②（雪遊び）の遊び方を話す（ちぎってフワッと雪のように降らせる。拾って、丸めてボールを作る） ・ままごとコーナーに移動させる ・見本を示す ・リズムを取る	・遊び②雪遊び ・新聞紙を用意 ・リズミカルな音楽を流す ・割りばし、はし、プチトマト、キャベツの葉などを用意
まとめ 12:00 12:30	・食事のときに実践する ・豆をつまむ ・玉子焼きを切り分ける ・ご飯を乗せる ・ウインナーを挟む ・食後のあいさつ	・実際の食事で大人が見本を示す ・納豆を混ぜる ・ご飯をのりで巻く ・魚をほぐす ・めんをすくう ・食後のあいさつ	・食卓のセッティング

I-4 定番テーマの食育計画

🌸 テーマ 「もちつき」から

我が国には、四季折々、子どもの育ちを願う行事と食事がたくさんあります。

内容はさまざまですが、子どもにとっては楽しみなものも多く、成長の過程で体験する楽しい雰囲気やおいしいと感じる味は、心にゆとりや潤いを与え、生涯の記憶として残ります。昔から伝えられている子どもをめぐる年中行事には、すこやかな「育ち」を願う大人の祈りや暮らしぶりが込められています。

食べることって何だろうと聞かれたら、「発育・発達するために食べる」といった子どもならではの食べ方を、これらの行事食を通して理解させたいものです。

😊 何を伝えていますか？ ハレの日の食事

園生活の中では、食事は保育の一環であり、保育目標をたてて達成できる食育活動のあり方が求められます。

保育活動の中に、祝い事、年中行事、記念日などに実施する行事食（ハレの日の食事）を、どのように盛り込み、何を伝えていますか？「行事って何？」と聞かれたら、日本古来の祝い事と食べ物との関係やそのいわれ、内容をきちんと答えられるでしょうか。

特に、行事やクッキングは、活動のねらいと展開方法が要になります。なぜならば、単に文化の伝承にとどまらず、先人たちの心や知恵、生活や習慣といった生き方が含まれているのですから……。

😊 どんなふうに伝えますか？ 日本の伝統行事

例えば、12月に「餅つき」を実施されるところが多くみられます。

昔から、八のつく日に餅をつくと縁起がいいといわれ、お正月を迎える前には、餅をついて気分を盛り上げ、鏡餅を飾って新年を迎える準備をしました。また、元旦の朝には家族の健康と子どものすこやかな成長を祈って、おせち料理とお雑煮を食べる風習があります。

日本の伝統や習慣にふれて、食べるということを子どもが概念的に身につけるには、これらの行事はとてもよい機会になります。

日本の伝統や習慣

「もちつき」からの食育計画と展開

食育活動の目的
Ⅰ 子どもの育ちを願う行事に参加し、その由来を知る
Ⅱ 体験をとおして、日本古来の行事や生活習慣を身につける
Ⅲ 子どもの育ちを願う行事や風習から、食べる意義を理解する

★4・5歳児の発達にそった食育計画

組・人数	組（男児　　　名：女児　　　名）合計　　　名		
主活動	子どもの育ちを願う行事を体験する		
ねらい	子どもの健やかな育ちを願う行事や生活習慣にふれ、昔から伝わる人々の暮らしぶりや生活の知恵を知り、食べることの意義を理解する		

食育活動の内容と展開

	日・時	子どもの活動（内容）	保育者のかかわり（留意点）	環境構成
導入	3週間前	・なぜ、行事にはお餅を食べるのか、お年寄りに話を聞く	・聞いた話を絵に描いて、家族に伝える	・お年寄りに依頼
	2週間前	・餅つきのポスターを書く	・園だよりとして家庭に配布する	・つく人の手配
	1週間前	・行事に餅を食べる習慣があることを知る ・餅つきに込めた願いを知る	・行事に餅を食べる風習を伝える ・祝い事には餅をつく風習があることを伝える ・米から餅ができることを教える ・準備するものをチェックする	・稲を用意 ・杵、臼の確認
展開	当日 9:00	・友達とワクワクしながら待つ ・先生の注意を聞く ・調理師の説明を聞く	・餅つきのセッティングをする ・部屋にタイムスケジュールをはる ★給食室でもち米を蒸し始める	・器具の確認 ・下ごしらえ ・会場の設営
	9:30	・手を洗い、身じたくをする	・手指や身じたくのチェックをする	
	10:00	★餅をつく	★蒸し米を臼に入れ、つきが始まる	
	10:30		★餅が運ばれてくる	
	10:40		★餅のちぎり方や丸め方を説明する	・餅の衣を多種用意
	11:00	★素材にふれ友達といっしょに作って楽しむ		
	12:00	・好きな餅を選び、おいしく食べる ・もうすぐ行事の日であることに気づく		・食卓に花を飾る ・音楽を流す
まとめ	12:40	・「ごちそうさま」をする ・食べることの概念が身につく	・昔からの風習を体験し、育つために食べることの概念を伝える	・後かたづけをする

第Ⅱ章 毎日の食育実践

計画がたてられたら、さあ、食育だよりを作ったり、保育に取り込んだりして、実際に取り組んでみましょう。

Ⅱ-1 食育だよりの考え方と実例12か月

このページでは、各月の食育だよりを作るにあたってのポイントを解説しています。

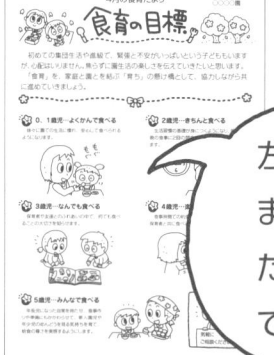

左ページのポイントを踏まえて作成した基本のおたよりを、この右ページで紹介しています。

Ⅱ-2 楽しい食育だより12か月

Ⅱ-1の考え方をもとに、家庭向けの楽しいおたより例を12か月分、見開きで紹介しています。拡大コピーして使える便利さです！

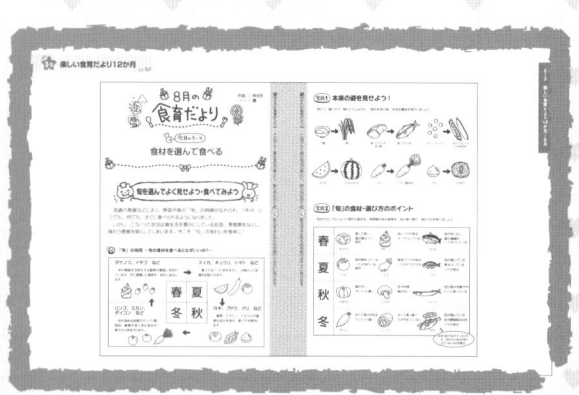

Ⅱ-3 いつでも使える食育だより囲みネタ

毎月のおたよりに使える
食育囲みネタも充実!
好みで活用しましょう!

Ⅱ-4 保育で使える食育ネタ

子どもとゲーム感覚で楽しめる食育あそびネタが12か月分!

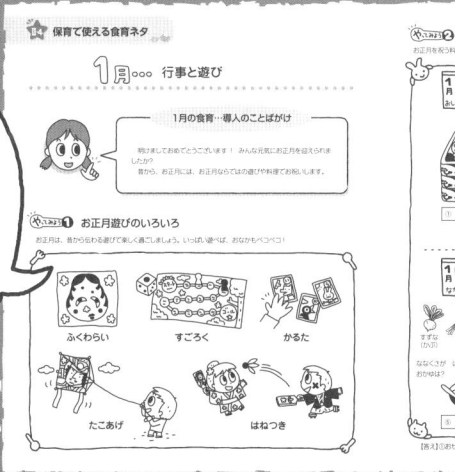

園でも家庭でも使える!

II-1 食育だよりの考え方と実例12か月

4月の食育だより キーワード　園と家庭を結ぶ

　親子や家族、仲間や地域の人々とのかかわりをよりいっそう深め、子どもひとりひとりの「食生活を営む力」を育てるには、園だけでなく、家庭との連携が必要です。

　子どもの食生活の基盤は家庭にあり、「望ましい食生活の形成と定着」は、一朝一夕に図れるものではありません。車の車輪のように園と家庭が連携を取り合い、同じ速度で進めなければ、その効果は望めません。

　連携の取り方はいろいろありますが、その中でも「おたより」は、健康教育の視点を踏まえた食生活改善に値するものであり、「食」への意欲や関心・行動を育てる手だてとして、また、子どもと家庭と園とを結ぶパイプ役として有効な手段となります。

　家庭に向けた食育活動のあり方を、「おたより」を通して検討してみましょう。

基本的な食育だよりの考え方・作り方・伝え方

Point 1　子どもや家庭を生かす「食育だより」を

　「健康づくり」へ向けてのおたよりは、考え方を「指導する」から「育てる」へと変えて作成すると、子どもや家庭が生きてきます。生活の中で、ひとりひとりの子どもの行動を観察し、その会話に耳を傾けて、実態を家庭に伝えましょう。

Point 2　まずは読みやすい紙面作りを

　発行された食育だよりは、読まれなければまったく意味がありません。「おたより」の内容や作り方には、アイディアとセンスが必要です。

①文字は大きく、文章は短く簡潔にまとめる
　文章は簡潔にまとめ、イラストや写真、カットをうまく活用し、楽しく仕上げます。

②身近な情報を提供する
　シリーズなどで、身近な人へのインタビューなどを取り入れ、家庭からの声も聞いてその内容を載せ、読み手の心を引き付けます。

Point 3　知らせたい事項を精選し、具体例を挙げて伝えましょう

　保育計画に基づいた食育カリキュラムをベースに、年間計画を知らせます。

①園の食育目標や食事指導の考え方、子どもの育ちなどを伝えましょう。
②望ましい食習慣の形成や定着に向けて、適切な情報を提供しましょう。
③家庭の食事作りや地域（郷土の産物や伝統料理）の味を紹介しましょう。
④園での給食メニューの簡単レシピや親子クッキングを奨励しましょう。
⑤アンケートや聞き取り調査の結果を報告し、健康づくりを勧めましょう。

では、これらのキーワードやポイントを踏まえた4月の食育だよりの実例を次のページで見てみましょう！

4月の食育だより

平成○○年4月
○○○○園

食育の目標

　初めての集団生活や進級で、緊張と不安がいっぱいという子どももいますが、心配はいりません。焦らずに園生活の楽しさを伝えていきたいと思います。
　「食育」を、家庭と園とを結ぶ「育ち」の懸け橋として、協力しながら共に進めていきましょう。

0、1歳児…よくかんで食べる
徐々に園での生活に慣れ、安心して食べられるようになります。

2歳児…きちんと食べる
生活習慣の基礎が身につくようになり、朝・昼・晩の食事に2回の間食で食べるリズムを身に付けます。

3歳児…なんでも食べる
保育者や友達とのふれあいの中で、何でも食べることの大切さを知らせます。

4歳児…楽しく食べる
食事時間での約束やマナーを身に付け、友達や保育者と共に食べる楽しさを味わうようにします。

5歳児…みんなで食べる
年長児になった自覚を持たせ、食事作りや準備にもかかわらせて、新入園児や年少児のめんどうを見る気持ちを育て、給食の尊さを実感するようにします。

気軽にご相談ください！

Ⅱ-1 食育だよりの考え方と実例…4月

← 約113％拡大するとB5判の用紙になります。コピーをして活用しましょう。

II-1 食育だよりの考え方と実例12か月

5月の食育だより キーワード

園と家庭で祝う「こどもの日」

新緑の季節である5月の5日は、こどもの日。青い空を、風でおなかいっぱい膨らませたこいのぼりが泳ぎます。端午の節句ですが、今では子どもたちへの慈しみの思いを込めて、幸せを願いすこやかな育ちを祝う日です。

園では、粽（ちまき）を食べながら、友達と背くらべをして、共に成長を確かめ合って祝いますが、家庭ではどのように「こどもの日」を伝えていけばいいのでしょうか。

柏餅（かしわもち）を食べたり、菖蒲（しょうぶ）の葉を入れてお風呂に入り、よい香りに包まれた薬湯に家族みんなで入るのも、この日ならではの楽しさを味わう過ごし方でしょう。

行事と行事食には密接な関係があります。「こどもの日」を通して、日本の伝統文化を伝える手だてを検討してみましょう。

食文化を伝える「食育だより」の発行計画

Point 1 ねらい

こどもの日を通して、日本古来の行事や行事食の意義を伝え、わが家で祝う「こどもの日」の営みを提供します。

Point 2 伝え方

①園の味や郷土の味と共に、おふくろの味の重要性も伝え、「こどもの日」に対する大人の思いを意識化させましょう。

②行事や風習、行事食の情報提供は、適宜、適時に取り上げます。

Point 3 内容

①行事や行事食のいわれを伝える

昔は、たくましく大きく育つようにと願った男の子の節句でした。現在は「こどもの日」として、男女の区別なく成長を祝い、柏餅や粽（ちまき）などを食べてお祝いします。また、餅はおめでたいときに食べる縁起のよい食べ物です。

②行事食に込められた先人の願いを伝える

柏は落葉樹ですが、新芽が出てから古い葉が落ちることから、「子どもの成長を親が見定める」とか、「跡継ぎが絶えることがない」という縁起をかつぎ、お祝いに柏の葉が使われています。

③園での行事食を紹介する（「給食では、こんな行事食を食べました」など）

献立（例：こいのぼり寿司、春雨サラダ、すまし汁、柏餅）はもちろんのこと、給食を食べている子どもの「つぶやき」や、食べた感想の声なども掲載しましょう。

では、これらのキーワードやポイントを踏まえた5月の食育だよりの実例を次のページで見てみましょう！

5月の食育だより　　　平成○○年5月
　　　　　　　　　　　○○○○園

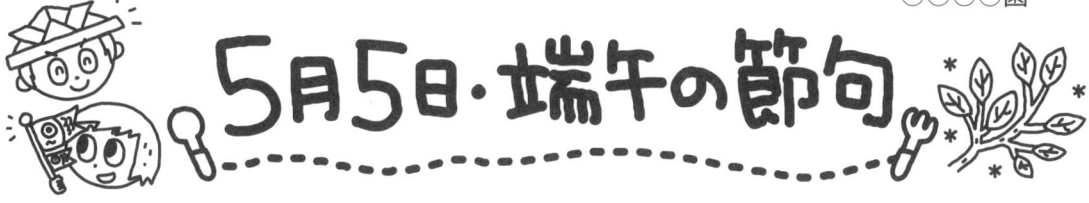

5月5日・端午の節句

　こどもの日には、柏餅を食べてお祝いをします。園庭で泳ぐこいのぼりの下で、みんなといっしょに楽しく食べます。

　行事や行事食には、それぞれいわれや意味があり、先人たちの願いや思いが込められています。親から子へ、子から孫へと、その思いを受け継いでいきましょう。

こいのぼりのいわれ
急な流れや大きな滝も跳ね上がり、勢いよく泳ぐこいの姿と重ね合わせ、たくましく元気に育てとの願いが込められています。

菖蒲湯（しょうぶ）のいわれ
邪気や災難よけの薬草です。「菖蒲」と「尚武」で「武」を尊び「勝負」にかけており、立身出世の願いが込められています。

柏餅のいわれ
柏の葉は、邪気を払い、一家繁栄の願いが込められています。

こんな行事食を食べました！

- 春雨サラダ
- 柏餅
- こいのぼり寿司
- すまし汁

「きれいで、食べられないよ」　○○組 3歳児の声

「12時になったら食べる？」　○○組 4歳児の声

「お餅が、葉っぱのにおいでいっぱい」　○○組 5歳児の声

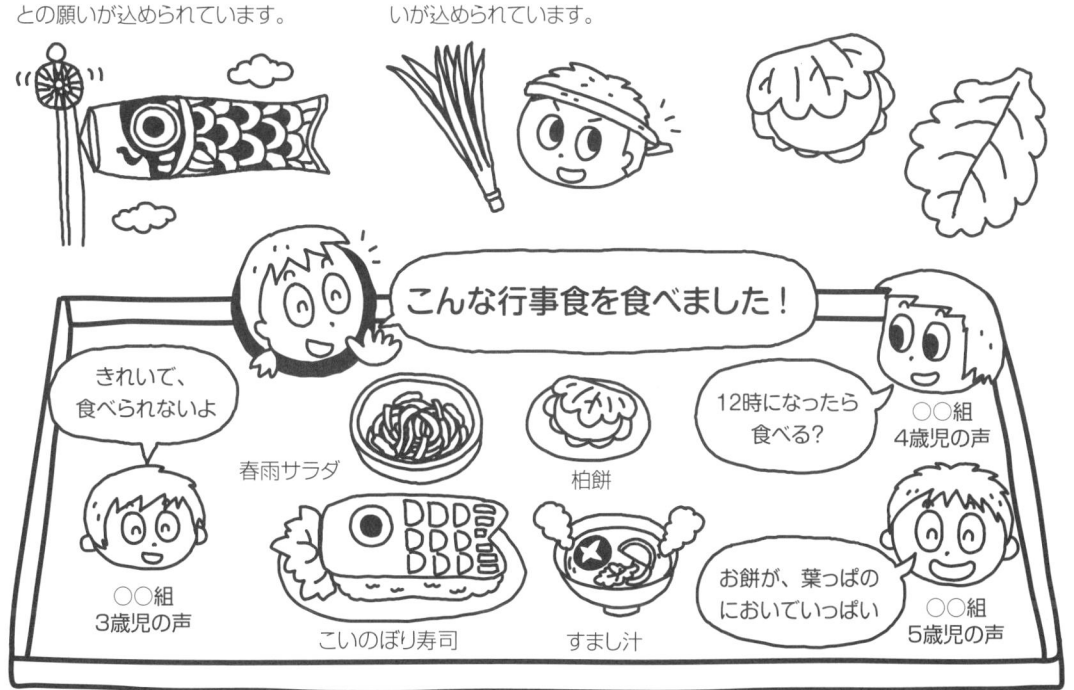

家庭での給食の話題をお聞かせください！

← 約113％拡大するとB5判の用紙になります。コピーをして活用しましょう。

Ⅱ-1　食育だよりの考え方と実例…5月

II-1 食育だよりの考え方と実例12か月

6月の食育だより キーワード
園と家庭で取り組む「虫歯予防」

　6月4日は虫歯予防デー。また、この日から「歯の衛生週間」が始まります。虫歯予防デーにちなんで、家庭への食育だよりを展開していきましょう。

　歯の健康づくりは、甘いものの食べすぎや不規則な食生活、食後の歯の衛生管理について注意を促すことが大切なポイントです。歯の健康づくりと食生活にかかわる「態度」や「スキル（能力）」の育ちを心がけ、指導することが重要になります。

　6月のこの時期には、歯科検診や歯科衛生士から歯みがき指導を受けるなど、子どもたちへの指導はさまざまです。食後や就寝前にしっかりと歯みがきをすること、甘いものを食べすぎないこと、よくかんで食べることなど、園と家庭が連携して「歯の健康」を守る具体的な方法を伝え、虫歯予防の対策に取り組むことが重要です。

家庭との連携を通して虫歯予防を図る「食育だより」の発行計画

Point 1 ねらい
　じょうぶな歯を作る食べ物や食べ方の意義を家庭に伝え、お互いの連携の中で食事の大切さに気づき、食べ物を選択できる力を育てます。

Point 2 伝え方
①子どもにとっての間食の必要性を伝え、おやつは時間と量、質などの与え方に十分に配慮しなければならないことなど、大人の意識も啓発します。
②規則正しく食生活を送ること、栄養バランスの取り方やよくかんで食べることの大切さも伝えましょう。

Point 3 内容
①虫歯の問題点をわからせる
　乳歯の重度の虫歯は、永久歯にも影響を及ぼし、永久歯も虫歯になってしまったり、歯並びも悪くなってしまったりします。また、臼歯（奥歯）が虫歯になると咀しゃく力が弱くなり、丸のみをすることになり、消化器に負担がかかって病気を誘発することも少なくありません。

②正しい歯みがきの習慣化を図る
　絵本などで、虫歯の怖さや正しい歯のみがき方を伝えます。見本を見せながら、いっしょにみがくことも大切です。歯と歯の間の食べカスを取るように、歯ブラシは上下に動かします。子どもの歯みがきが習慣化するように、家庭にも協力をお願いしましょう。

③じょうぶな歯を作る食べ物を紹介する
　献立（例：ご飯、筑前煮、キンピラゴボウ、卵汁）紹介はもちろんのこと、保護者や育児担当者として知っていてほしい基礎知識を、クイズ形式などで掲載してみましょう。

> では、これらのキーワードやポイントを踏まえた6月の食育だよりの実例を次のページで見てみましょう！

6月の食育だより　　　　　平成○○年6月
　　　　　　　　　　　　　○○○○園

6月4日・虫歯予防デー

　6月4日は、虫歯予防デーです。虫歯にならない食生活や歯みがきについて、子どもたちに知らせましょう。
　じょうぶな歯を作り、生涯を健康的に過ごすためには、歯みがきはもちろんのこと、毎日の食生活が大切です。いろいろな食品を、よくかんで食べるよう心がけましょう。

歯みがきの大切さ

　食事の後は、食べ物のカスが歯に付きます。そのままにしておくと、口の中の温度と水分によって、化学変化を起こし、虫歯の原因になります。
　まず、食後は歯みがきをしましょう。

栄養のバランス

　糖分のとりすぎは、虫歯の原因のひとつ。
　間食と合わせて、規則正しく食べる習慣と、カルシウムやビタミンA・Dなどの骨や歯を作る栄養素を十分にとれる食事を心がけましょう。

かんで食べる

　軟らかいものばかり食べていると、あごの発達が悪くなったり、歯肉炎や歯並びが悪くなる原因になります。
　よくかむことを、習慣化しましょう。

じょうぶな歯を作る食べ物って何?

タンパク質　　カルシウム　　ひじき　　コマツナ

かみごたえのある献立紹介

キンピラゴボウ　筑前煮　ご飯　卵汁

こんな話を知っていますか?（知っていたら☑を付けましょう）

- Q1　子どもの歯は、20本です。　□
- Q2　歯の種類は、門歯、犬歯、臼歯の3種類です。　□
- Q3　食べ物をすりつぶす役目は、臼歯です。　□
- Q4　歯みがきは、食後3分以内が効果的です。　□
- Q5　牛乳は強い歯を作るので、毎日1本（200cc）飲みます。　□

←約113%拡大するとB5判の用紙になります。コピーをして活用しましょう。

II-1 食育だよりの考え方と実例12か月

7月の食育だより キーワード
食生活を見直そう 〜朝食の大切さ〜

　朝食を食べない子どもほど疲れやすく、からだの活動も頭脳の働きも鈍ることは、1993年の国民栄養調査でも指摘されています。
　しかし、だれもが朝食の必要性を認めてはいるものの、いっこうに欠食率は下がりません。各家庭と園が共に朝食の役割を認識し合い、1日の活力源としての朝食をそれぞれの家庭でどう改善していくのかなど、あらためて「朝食の大切さ」について問い直すときでしょう。
　朝、空腹を感じない子どもが増えてはいませんか？

朝食の大切さを伝える「食育だより」の発行計画

Point 1 ねらい
　朝食の重要性を伝え、家族で規則正しく朝食をとる体験を積み重ねて、子どもの健全な食行動や食事感を育てる。

Point 2 伝え方
①朝、空腹で目覚めることの大切さを伝える。
②朝食30分前には起床することの大切さを知らせる。
③朝食の役割を理解させる。

Point 3 内容：朝食の役割

①寝ている間に下がっている体温を高め、身体活動を活発にする
　私たちの体は、脳からの指令を受けて神経系や内分泌系が働き始め、ほとんどが24時間周期のリズムで体内調整されています。体温や血圧が昼に高く、夜に低いのもこのためです。朝食を食べて体温を高め、今日も一日、元気に過ごしましょう。

②ホルモンや酵素の分泌を促し、生体リズムを整える
　朝食を規則正しくとっていると、その1時間くらい前から消化液分泌の準備が始まり、腸のぜん動運動などがスタートします。

しかし、朝食を食べない習慣がついていると、こうした準備態勢が起こらず、食欲もわいてきません。生体リズムを整えるには、まず、1日3食、時間を定めてきちんと食べることが大切です。

③脳のエネルギー源である糖質を補給し、知的活動を活発にする
　子どもの発育・発達にかかわる成長ホルモンは、夜のレム睡眠時に多く分泌され、朝に活性化します。そのために、消耗したブドウ糖を朝食で補給しなければ、脳が円滑に働きません。
　また、朝、空腹で目が覚めるのは、血液中のブドウ糖量が減って摂食中枢が刺激され、空腹を感じるからです。1日の生活リズムをつくる「朝ご飯パワー」について、チェックしてみましょう。

では、これらのキーワードやポイントを踏まえた7月の食育だよりの実例を次のページで見てみましょう！

きちんと食べよう！朝ご飯

7月の食育だより　平成○○年7月　○○○○園

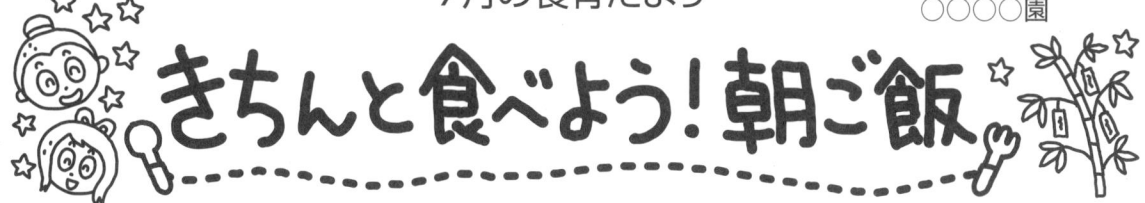

早寝・早起き・朝ご飯で、今日も1日パワーアップ！

朝、おなかがすいて目覚めますか？

前日の夕食は何時に食べましたか？　寝る前にお菓子を食べませんでしたか？

朝、昼、間食、夕の食事割合は、3：3：1：4くらいが望ましいといわれています。

朝食30分前には起床していますか？

起き抜けは、胃腸の働きも不活発です。朝食の1時間くらい前には起床して、散歩や体操をしましょう。

実行できないときは、せめて朝食30分前には起床しましょう。

忙しくてつい手抜きをしていませんか？

だれかといっしょに、パンにハム・チーズ・卵のどれかを挟んだものと、果物やヨーグルト、牛乳を組み合わせて食べると、さらにパワーアップ。

朝食にとりたい食品グループ

- タンパク質
- ビタミン
- ミネラル（ワカメ、コンブ、緑茶）

かんたん朝食・献立紹介

ひとくち・プラスワン

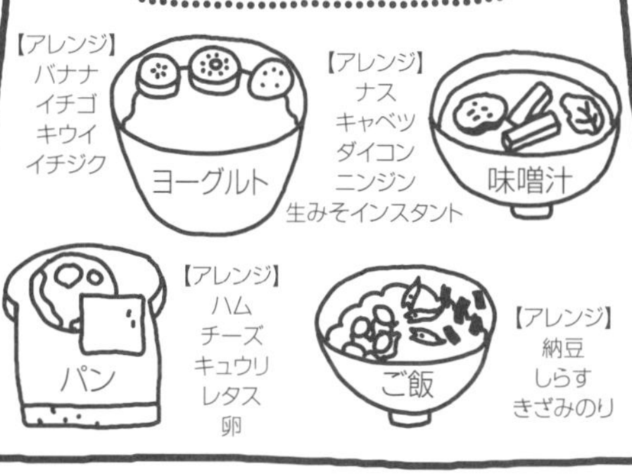

- ヨーグルト【アレンジ】バナナ／イチゴ／キウイ／イチジク
- 味噌汁【アレンジ】ナス／キャベツ／ダイコン／ニンジン／生みそインスタント
- パン【アレンジ】ハム／チーズ／キュウリ／レタス／卵
- ご飯【アレンジ】納豆／しらす／きざみのり

朝ご飯パワーチェックリスト
（できていたら ☑ を付けましょう）

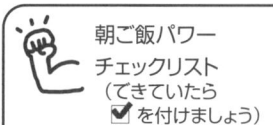

- Q1　朝、おなかがすいて目が覚めました。　□
- Q2　朝起きたら、食事のにおいがしました。　□
- Q3　朝ご飯の前に、体操をしました。　□
- Q4　朝、家族と会話をしながら食べました。　□
- Q5　朝ご飯を、よくかみ、味わって食べました。　□

★「はい」が4つ以上ならパワーアップ全開!!

← 約113％拡大するとB5判の用紙になります。コピーをして活用しましょう。

II-1 食育だよりの考え方と実例12か月

8月の食育だより キーワード 「旬」を伝える

　四季折々の作物の生長や収穫、調理から食べるまでのプロセスを伝える意義について考えてみましょう。
　いつでもどこでもなんでも食べられる時代……簡単便利になった食生活の裏で、季節感を失い、旬を味わう感覚が育ちにくくなりました。

　それにはまず、「食育だより」を通して旬の食べ物を見直す機会をつくり、旬の食べ物をその時期に食べる意義や効用を伝えていきましょう。また、食育年間計画の中に、季節感のある内容（夏野菜や冬の食べ物など）を盛り込むことが必要です。

食べ物への関心を高める「食育だより」の発行計画

Point 1　ねらい

旬の食べ物を見直す機会にする。旬の食べ物の名前とその時期に食べることの意義や効用について伝え、健康づくりへの関心を高める。

Point 2　伝え方

①旬の野菜や魚の種類と特徴、その働きや効用を知らせる。
②旬の野菜ができるまでを知らせ、収穫する喜びを体験させる。
③旬の食材を取り入れた食事は、健康なからだづくりの一環であることを認識させる。

Point 3　内容：食材に親しむ

①収穫した野菜は、季節によって効用に違いがあることを知らせる
　夏に採れる野菜には、水分の代謝を盛んにし、利尿や発汗を促して、体を冷やし、体液を補充する作用があります。体液が不足すると、口や喉の渇きや唇・舌の乾燥、イライラ、息切れ、不眠などが起こります。また、血液の循環をよくして、暑さで弱る胃腸の働きを強め、食欲を減退させず夏バテ防止にも役だちます。

②生き物としての食材を実感させる
　農園やプランターでの原体験としての収穫保育も大切ですが、「だれが」「どのような工夫や苦労をして」「どのような過程で」その野菜を作ったのか、食べるに至るまでの過程をデジカメなどで写したり、イラストにしたりして伝えましょう。

③地場産野菜を生かした献立を紹介する
　地元で採れた食材を生かし「旬の食べ物コーナー」を組みます。また家庭でも取り組めるように、段取りや順序立てを「ワークショップ」として紹介します。

> では、これらのキーワードやポイントを踏まえた8月の食育だよりの実例を次のページで見てみましょう！

8月の食育だより　　平成○○年8月　○○○○園

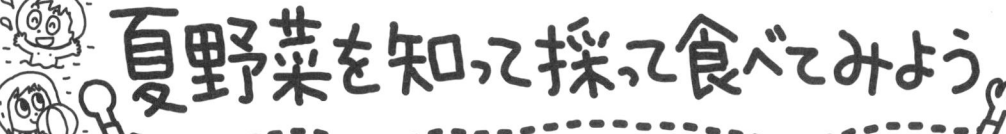

夏野菜を知って採って食べてみよう

水分やビタミンがたっぷり含まれている夏野菜。
たっぷり味わって、体のほてりや渇きをいやし、暑さで弱った胃の働きを高めましょう。

赤色の夏野菜
紫外線から肌を守り、血圧を下げます。消化促進、疲労回復に働きます。

緑色の夏野菜
利尿や発汗を促し、体の調子を整えて、むくみを解消します。

紫色の夏野菜
眼の疲れを防ぎ、体のほてりや炎症を鎮める効果があります。

「畑で育ついのち」をいただきましょう
～どうやって育てた？　いつのことだった？　思い出そう！～

○月○日　　○月○日　　○月○日　　○月○日

家庭でのワークショップ①　地場産野菜を使ってLet's Cooking
☀ 夏バテ防止の特効野菜を食べよう ☀

材料
① ニンニク（1片）／皮を取り、小口切りにする。
② 豚赤身肉（240g）／千切りにし、⑥で下味をつける。
③ ニガウリ（1本）／2つ切りにして種を取り、薄切にする。
④ タマネギ（1個）／くし切りにする。
⑤ 赤ピーマン（1/2個）／千切りにする。
⑥ 酒、塩（少々）／肉の下味用。

調味料
⑦ オイスターソース／大1
⑧ 酒、しょうゆ／大1
⑨ 水溶き片栗粉／大1
⑩ サラダ油／大2

調理方法
フライパンで⑩を熱し、①②③④⑤の順に入れて炒める。⑦⑧を加えて味を調え、⑨でとろみをつけて、盛り付ける。

Ⅱ-1　食育だよりの考え方と実例…8月

← 約 113% 拡大するとB5判の用紙になります。コピーをして活用しましょう。

II-1 食育だよりの考え方と実例12か月

9月の食育だより キーワード 世代間交流と食べ物

　食を通した世代間の交流は、家族のきずなや地域との連帯感を深め、人と人とのかかわりを強くする絶好の機会です。にもかかわらず、戦後60年以上を経て、わが国の核家族化は拍車がかかったように進み、人間関係が希薄化し、家庭の食卓や食生活に大きな変化をもたらしました。

　9月の第3月曜日は、長年社会に貢献してきたお年寄りを労（ねぎら）い、敬愛し、長寿をお祝いする日です。感謝の気持ちを伝えるだけでなく、年長者から社会的な規範を学び、食文化についての教えを受けるなどの機会を設けて、世代間の交流を図りましょう。

　食と人とのかかわりに対する食育活動は、失われつつある情緒や感性の育ちを促し、偏った家族のあり方を立て直すチャンスになるはずです。

食と人とのかかわりを伝える「食育だより」の発行計画

Point 1 ねらい
　地域のお年寄りを招いた「ふれあい給食」のようすや献立の配慮を知らせ、敬老の意義を伝える。世代間での交流会食を通し、お年寄りとの共感や信頼感を深め、感謝して食べる心を育てる。

Point 2 伝え方
①食を通して、自然や社会を知らしめた先人の知恵に気づかせる。
②長寿や健康保持のコツは、日本型の食事にあることを知らせる。
③地域での、年長者による子育て・家庭支援の情報を紹介する。

Point 3 内容：食を媒体とした人間関係
①**食文化伝承の意義や必要性に気づかせる**
　郷土料理は、その地域で収穫された特産物を生かして作られた先人の知恵であり、親から子へ、子から孫へと伝承されてきた、大切な郷土や家庭の味です。まずは給食献立を通して郷土の特性や伝統の知恵を知らせ、日本の伝統的な食文化を再認識させましょう。

②**健康づくりに効果的な食べ物や食べ方を知らせる**
　日本は世界屈指の長寿国です。健康で長生きするためには、日本型の食生活が最も効果的です。伝統的な和食が家庭から消えていく昨今ですが、世代間交流を機に年長者に伝授してもらい、長寿食品を取り入れた日本型の食事を復活させましょう。

③**食べる力をはぐくむための年長者による取り組みを紹介する**
　地域で、家庭を支援する仕組みや「情報アクセス」の中に、世代間で交流している事例や場所や場を加えて、お年寄りから学べるシステムを紹介しましょう。

では、これらのキーワードやポイントを踏まえた9月の食育だよりの実例を次のページで見てみましょう！

9月の食育だより　平成○○年9月　○○○○園

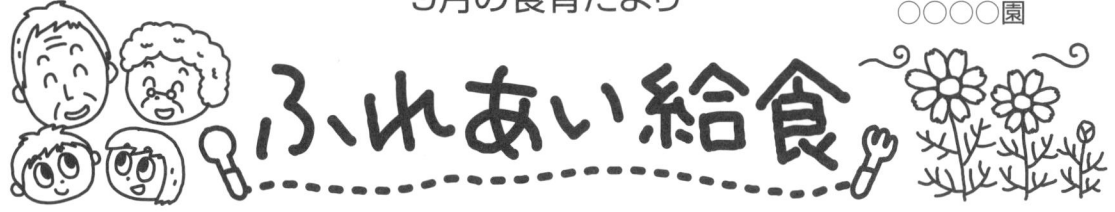

ふれあい給食

9月の第3月曜日は敬老の日。
この日の給食は、人から人へと伝えられてきた大切な郷土（ふるさと）の食事を、お招きしたお年寄りといっしょに味わいます。

ふるさとの味　例：深川めし（東京）

昔、深川（現在の東京都江東区）でアサリが多く採れました。
むき身を炊き込んだ味付けご飯は、木場で働く人々の活力源ともなりました。

取り戻そう！日本型の食生活

受け継いできた日本人の食事は、米を中心に野菜、大豆、魚の組み合わせが基本です。
栄養バランスが極めてよく、世界でも絶賛されています。

長寿食品ベスト6

1位　大豆・豆製品
2位　黒酢
3位　海草
4位　野菜
5位　魚介類
6位　お茶

昔ながらのクッキング・孫育てクッキング

十五夜には、なぜ、お団子を飾るのでしょう？
いっしょに作って、食べて、味わって、昔ながらの風習を学びましょう。みなさまのご参加お待ちしています。

場所と日時　：　□□□□で、○月○日、午後△時から開催
講師の紹介　：　和菓子屋さんのおじいちゃんとおばあちゃん
講習の内容　：　おやつ、ほか
　　　　　　　①団子3兄弟（豆腐団子、カボチャ団子、イモ団子）
　　　　　　　②おいしいお茶の入れ方

家庭でのワークショップ②　我が家の伝統・おふくろの味をご紹介ください

II-1 食育だよりの考え方と実例12か月

10月の食育だより キーワード 安全・安心クッキング

　実りの秋、味覚の秋、食欲の秋です。この時期に、クッキング活動をする園も多いようですが、採って、作って、食べる活動だけでなく、衛生的な食環境、正しくバランスの取れた食事内容、リズムのある食生活なども組み込んで、活動のねらいや内容、展開などを設定しましょう。

　特に衛生的な食環境は、人と食べ物との長いかかわりの中で生まれた「安全においしく食べるための技や知恵」を、食事作りには欠かせない意識や行動としてどう育てていくか、園と家庭との連携が問われるところです。

　まずは、調理担当者が細心の注意を払い、毎日の食事を提供している園での現状を知らせ、家庭に向け、安全で安心な食生活や料理作りについての衛生的な心構えを、おたよりを通して促しましょう。

安全な食事の提供を心がける「食育だより」の発行計画

Point 1 ねらい
　「給食ができるまで」のようすや献立の配慮を伝え、食の安全や衛生に対する心構えを呼びかける。家庭や子どもに向け、生活環境についての衛生的な基礎知識を提供し、安全でおいしく食べるための意識を促す。

Point 2 伝え方
①食材や食品の選び方、保存・管理方法を知らせる。
②食材や食品の安全・衛生的な基礎知識、使用方法を伝える。
③害を及ぼすものを、つけない、持ち込まない意識を促す。

Point 3 内容：安心・安全クッキングについての心得

①**安心して使える食材や食品を選び、保存や管理の方法を習熟する**
　肉、魚、野菜などの産地、輸入先、流通経路を確認し、鮮度を見極めて購入する。冷凍・冷蔵庫は過信せず、庫内温度はつねに10℃以下に保ち、詰めすぎに注意して時々整理をする。
（事例紹介：魚の選び方、野菜の選び方、冷蔵庫のじょうずな使い方　など）

②**下準備や調理の基礎知識を身に付け、衛生的な取り扱いを心がける**
　まな板やふきんは熱湯消毒し、乾燥させて使用する。生食は流水でよく洗いすぐ食べる。加熱調理は、十分に火を通し早く食べる。かたづけ用のふきんは、煮沸消毒し、スポンジやタワシと共に十分に乾燥させる。台所は常に清潔に保つなど、衛生観をベースにしたかたづけを日ごろから心がける。

③**自然毒や食中毒、環境ホルモンから、体を守る衛生術を身に付ける**
　魚、肉、卵を扱う前後は、必ず石けんでの手洗いを励行する。手洗いは、菌をつけない・持ち込まないなど、感染予防の基本であることを自覚する。

では、これらのキーワードやポイントを踏まえた10月の食育だよりの実例を次のページで見てみましょう！

10月の食育だより　　平成○○年10月　○○○○園

台所クッキング・心得

新鮮な食材を選びましょう。
身じたくを整えましょう。
さあ、始めましょう！

新鮮な食材を選ぶ

魚：目が澄んでいる
　　体に張りがあり硬い
　　口先が鮮やか

野菜：光沢がある
　　　みずみずしい
　　　香りがある

冷蔵庫をじょうずに使う

①何でも詰め込まない。
②開け閉めは少なくする。
③入れっぱなしに要注意。

台所仕事の流れ

①洗う
②量る
③切る
④火にかける
⑤味付けをする
⑥味見する
⑦火から下ろす
⑧盛り付ける

始める前にもう一度…手が汚れていませんか？

①石けんをつけ、手のひらを洗います。 
②手を重ねて、手の甲を洗います。  
③指の間を洗います。 
④手のひらを上にして、もう片方の指先をこすって、つめを洗います。

きれいな手、てき上がり！

家庭でのワークショップ③　わが家直伝「台所術」をご紹介ください！

Ⅱ-1 食育だよりの考え方と実例…10月

←約113％拡大するとB5判の用紙になります。コピーをして活用しましょう。

II-1 食育だよりの考え方と実例12か月

11月の食育だより キーワード　食事のバランス

　11月15日は七五三。3歳(男女)、5歳(男)、7歳(女)の子どもが氏神様にお参りして成長を報告し、これからの健やかな育ちを祈る行事です。

　この月は子どもたちが落ち着いて活動できる時期でもあり、食べることに集中できる雰囲気や食環境の見直しを図り、バランスよく食べられる行動を育てましょう。

　体に必要な栄養は、毎日過不足なく摂ることが必要ですが、食品群別の食品をバランスよく摂取することが大切です。それには「1日3食しっかりと食べる」「主食・主菜・副菜をそろえて食べる」「野菜は種類を多く摂る」ことなど、家庭と園で十分に心がけ、毎日の食生活を通した健康教育に生かしましょう。

バランスの取れた食事摂取に心がける「食育だより」の発行計画

Point 1　ねらい

　栄養バランスの取れた食事をすることにより、健康の増進をはかるとともに、望ましい食生活のあり方や好ましい人間関係を育てる。

Point 2　伝え方

①食品の種類や栄養的な働きを知らせる。
②食品の組み合わせと料理の種類について具体的に示す。
③料理の組み合わせと、健康的な食事のしかたを知らせる。

Point 3　内容：バランスの取れた食事をする

①**必要な栄養をバランスよくとりましょう**

　食べ物は働きにより、赤・黄・緑の三色に分けられます。赤の食べ物は、魚やお肉、卵やチーズなどで、血や肉、骨を作ります。黄色の食べ物は、ご飯やパン、麺などで、熱や力のもとになります。緑の食べ物は、野菜や果物などで、体の調子を整えます。ひとつの食べ物で万能な働きをする食べ物はありません。

②**おかずばかり食べないでバランスよく食べましょう**

　毎食の献立に、主食(主に黄の食べ物)と主菜(主に赤の食べ物)はありますか？　野菜などの副菜(主に緑の食べ物)もありますか？

　組み合わせは、幼児期では1：1：1ですが、成長に合わせて3：2：1へと望ましい食事のバランスに近づけていきます。

③**料理を交互食べすると栄養のバランスを崩しません**

　毎日三度の食事は、主食、主菜、副菜をそろえ、いろいろな料理を交互に食べましょう。この食べ方をしていると、たまに多少残すようなことがあったとしても、栄養のバランスを崩しません。

> では、これらのキーワードやポイントを踏まえた11月の食育だよりの実例を次のページで見てみましょう！

11月の食育だより　平成○○年11月　○○○○園

食事のバランス・OKですか？

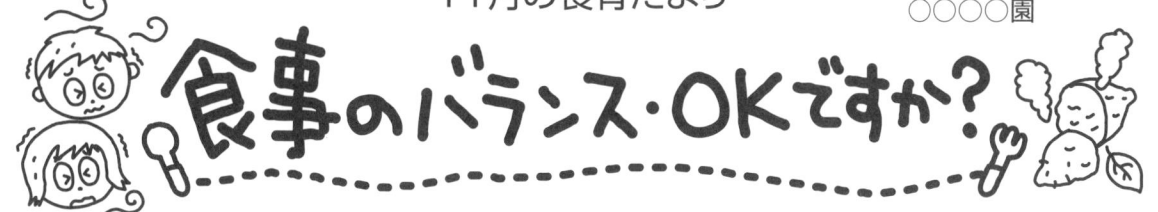

きのうの夕食、何を食べましたか？
子どもといっしょに、栄養バランスをチェックしてみましょう。

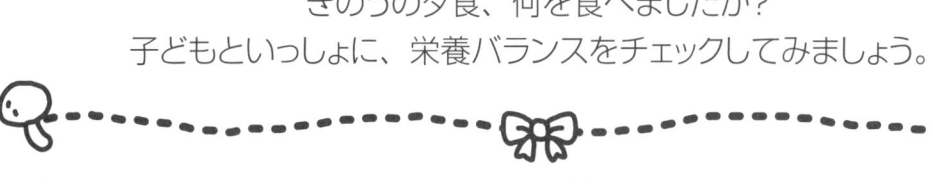

主食は何だったかな？
①赤の食べ物（　　　　　　　　　　）
②黄の食べ物（　　　　　　　　　　）
③緑の食べ物（　　　　　　　　　　）

主菜に何があったかな？
①赤の食べ物（　　　　　　　　　　）
②黄の食べ物（　　　　　　　　　　）
③緑の食べ物（　　　　　　　　　　）

副菜に何があったかな？
①赤の食べ物（　　　　　　　　　　）
②黄の食べ物（　　　　　　　　　　）
③緑の食べ物（　　　　　　　　　　）

汁物の具は何だったかな？
①赤の食べ物（　　　　　　　　　　）
②黄の食べ物（　　　　　　　　　　）
③緑の食べ物（　　　　　　　　　　）

30食品　いろいろな食品を選んで組み合わせ、1日30食品食べましょう！

主食の大切さを見直しましょう！

おかずばかり食べて、主食を残していませんか？
ご飯、パンなどの主食は、生命を維持する働きがある食べ物です。

①主食はエネルギーの供給源
主食は1日のエネルギーの40％を占めます。

②栄養のバランスが取れる
主食と副食で、タンパク質やビタミンが多くとれ、バランスが整います。

③副食のおいしさを高める
淡白な味がいろいろな味を引き立て、おいしさを引き出します。

④食べ方
主食とおかずは交互に食べましょう。

Ⅱ-1　食育だよりの考え方と実例…11月

← 約113％拡大するとB5判の用紙になります。コピーをして活用しましょう。

II-1 食育だよりの考え方と実例12か月

12月の食育だより キーワード　台所を子育ての場に

　幼児期後半ごろから、買い物や食事作り、後かたづけをすることで、食事への興味や関心が高まり家族のきずなが深まることは、調査などで明らかにされています。しかし、『子どもの体験活動等に関する国際比較調査』（平成12年3月）によれば、諸外国に比べて日本は、後かたづけについてはほぼ同じ割合でしたが、食事作りへの参加は低い値を示しました。

　「まだ無理」「後かたづけが大変」と決めつけて、子どもからお手伝いする機会を奪ってはいませんか？　お手伝いは子どもが努力して作り出せるものではなく、大人がその機会をつくり、プロデュースすることが大切です。
　12月は、クリスマス会やお餅つき、年越しなど、多くの行事が控えています。食の自立を獲得していく場となる、台所の重要性を見直してみませんか。

😊 台所で子どもとのきずなを深める「食育だより」の発行計画

Point 1　ねらい
　台所での仕事を通し、生活の技術や動作、食生活のしかたなどを身につけ、食の自立を図る。お手伝いを通して、人間関係のきずなを強化する。

Point 2　伝え方
① 運動力や情緒の発達に沿った、生活動作や調理操作のしかたを身に付ける。
② 家庭での自分の役割を知り、食の自立に向けての準備を開始する。
③ 台所コミュニケーションを通して、わが家の味を継承する。

Point 3　内容：台所は大人になる準備をする場
① **台所での仕事を通し、調理技術や生活動作を身に付け、五感を育てる**
　おつかいや食事作り、後かたづけなど食生活の一連の流れを体験し、子どもは生活のしかたを学びます。台所は、五感を働かせ体を動かすことを体感する場です。魅力的なお手伝いを増やし、生涯の食習慣作りに結び付けましょう。

② **お手伝いを通し、家庭での自分の役割を知り、責任感や思いやりを育てる**
　子どもの学びは模倣から始まります。お母さんのようにやりたい、いっしょにやりたいという気持ちを受け止めて、まずはいっしょにトライしてみましょう。やり通すことを覚え、褒められて自信を得た子どもは、次に人のために働く喜びを知ります。

③ **おふくろの味や郷土料理、行事食を伝承する**
　食卓とは違って、台所は子どもと共に動き、横並びでの会話を楽しみながら過ごせる場です。こんなときにこそ、わが家の味ややり方を伝え、時代とともに簡素化されていく料理や行事を、日本のよい風習として伝承していきたいものです。

> では、これらのキーワードやポイントを踏まえた12月の食育だよりの実例を次のページで見てみましょう！

12月の食育だより

平成○○年12月
○○○○園

お手伝いしているかな？

お手伝いをいくつしているか、子どもといっしょにチェックしてみましょう。

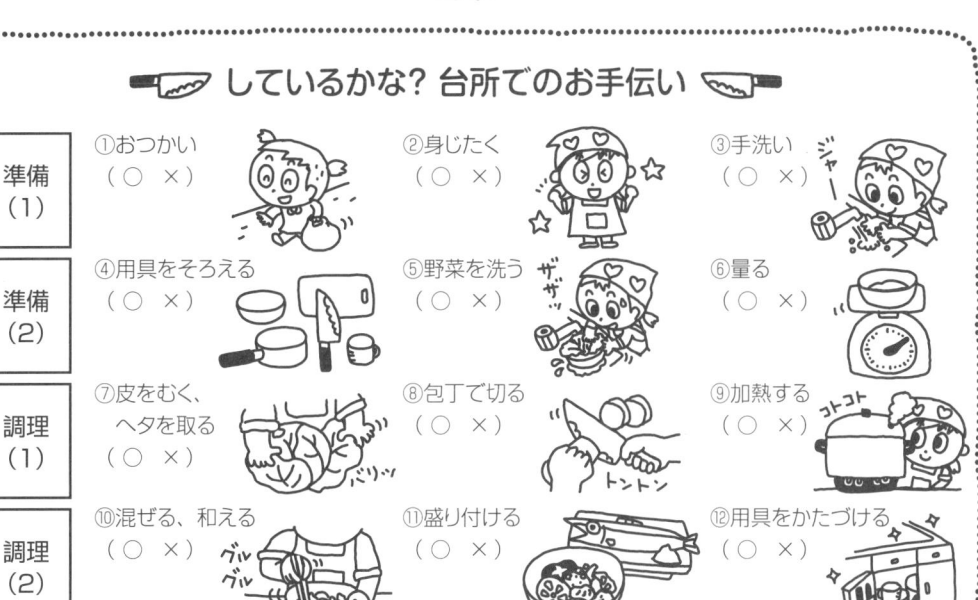

しているかな？ 台所でのお手伝い

準備(1)
- ①おつかい （○ ×）
- ②身じたく （○ ×）
- ③手洗い （○ ×）

準備(2)
- ④用具をそろえる （○ ×）
- ⑤野菜を洗う （○ ×）
- ⑥量る （○ ×）

調理(1)
- ⑦皮をむく、ヘタを取る （○ ×）
- ⑧包丁で切る （○ ×）
- ⑨加熱する （○ ×）

調理(2)
- ⑩混ぜる、和える （○ ×）
- ⑪盛り付ける （○ ×）
- ⑫用具をかたづける （○ ×）

しているかな？ 食べる用意のお手伝い

食卓(1)
- ⑬食卓をふく （○ ×）
- ⑭配膳する （○ ×）
- ⑮食器を下げる （○ ×）

食卓(2)
- ⑯食器を洗う （○ ×） 
- ⑰食器をふく （○ ×） 
- ⑱食器をしまう （○ ×）

お手伝い度チェック

子どもといっしょに、お手伝い度を採点し、食の自立度をチェックしてみましょう。

【上の（○）×1点＝＿＿＿点】

※12点以上：お手伝い度OK　11～6点：もう少し　5点以下：まだまだ

Ⅱ-1 食育だよりの考え方と実例…12月

← 約113％拡大するとB5判の用紙になります。コピーをして活用しましょう。

II-1 食育だよりの考え方と実例12か月

1月の食育だより キーワード： 食の計は元旦にあり

核家族化が進み、行事食を家庭で作って祝う機会が少なくなってきました。

年中行事を通して子どもたちに伝えていきたい行事食、特に、古来より日本に伝わる祝い事と食べ物との関係について、そのいわれや内容を伝承していくことは、先人たちの生活に対する秘められた知恵や工夫を知ることにもなります。

お正月の行事は、本来は年神様をお迎えして、五穀豊穣を祈る農耕儀礼でした。年の瀬に門松を立てしめなわを飾り、神棚や仏棚に鏡餅をお供えします。元旦には初日の出を拝み、初詣をして新年の無病息災を祈り、家族そろってお屠蘇を酌み、神仏にお供えしたおせち料理や雑煮を食べながら新年を祝います。

1年の計は元旦にあり。行事食に興味や関心を寄せ、行事食の意味の深さを知り、食に託された心を学んでいくスタートにしたいものです。

新年を祝い食べる心を育てる「食育だより」の発行計画

Point 1　ねらい

古来より日本に伝わる祝い事と食べ物とのかかわりについて、そのいわれや内容を知り、先人たちの知恵や工夫を偲び、食べ物の尊さと食べられることへの感謝の念を育てる。

Point 2　伝え方

①豊作と家族の健康を願う「正月」の行事と食べ物のいわれを伝える。
②家族の無病息災を祈る「七草」の風習と食べ物のいわれを伝える。

Point 3　内容：親から子へ、子から孫へ、人から人へ、食は文化を伝える

①正月の行事と食べ物のいわれを知り、新年の豊作と家族の健康を願う

正月は、新しい年を家族全員で迎えられたことに感謝し、「お正月さま」とよばれる年神さまをお迎えして1年の豊作と家族の健康を願う行事です。

おせちは「お節句料理」が変化したもので、年に5回ある節句の日（ほかに桃の節句、端午の節句、七夕、重陽）を祝って食べる料理のことで、年の初めを祝って食べるおせちの中身は願い事の意味が込められています。また、雑煮は大晦日に供えた餅を下げ、野菜や肉と煮込んで食べた「雑煮餅」が始まりといわれています。

こうした先人の願いがこもった行事食を、家族そろって味わい、お祝いしましょう。

②「七草」の風習についていわれを知り、1年間の家族の無病息災を祈る

1月7日は、七草（セリ、ナズナ、ゴギョウ、ハコベラ、ホトケノザ、スズナ、スズシロ）を入れたかゆを食べると、お正月料理で疲れた胃を守り、1年間病気しないといわれています。家族の無病息災を祈る風習は、約1300年前の奈良時代から続いています。

では、これらのキーワードやポイントを踏まえた1月の食育だよりの実例を次のページで見てみましょう！

（参考文献）『日本料理全書』（曽根喜和子・編著／集文館・刊）、『祝いの食文化』（松下幸子・著／東京美術・刊）、『年中行事・儀礼事典』（川口謙二ほか・著／東京美術・刊）、『たのしい行事食献立・おやつと栄養法』（藤沢良知ほか・著／第一出版・刊）、など

1月の食育だより

平成○○年1月
○○○○園

行事食を知ろう

1月の行事食について知っているか、子どもといっしょにチェックしてみましょう。

おせち料理のいわれを、いくつ知っていますか?

次の○○○の中に、食べ物の名前を入れてみましょう。
(○の中に文字1つが入ります　※答えは、このページ下)

① ○○○○
《いわれは?》
「お金に恵まれますように」と願い、漢字では「金団」と書きます。

② ○○○
《いわれは?》
豊作を祈り、漢字では「五万米」と書きます。昔はイワシを田畑の肥料にしていました。

③ ○○○かまぼこ
《いわれは?》
紅は慶び、白は汚れのない神聖さを表します。

④ ○○
《いわれは?》
腰が曲がるまでの、家族の長寿を願います。

⑤ ○○○○
《いわれは?》
「よろこぶ」に通じます。楽しく、安泰に暮らせますようにと願います。

⑥ ○○○○
《いわれは?》
ニシンは卵をたくさん産む縁起のよい魚です。

⑦ ○○○○
《いわれは?》
まめ(元気)に働くことができますようにと願います。

⑧ ○○○○
《いわれは?》
巻いてある形を書物に見たてて、進歩と文化の繁栄を折ります。

1月の行事食カレンダー「いくつできたかな?」

上と同じように、次の○○○の中に、食べ物の名前を入れてみましょう。

1月1日 お正月
⑨ ○○○料理
⑩ ○○○

1月7日 七草
⑪ ○○○○○○○

1月11日 鏡びらき
⑫ ○○○○

? 行事食について知っている?

チェック1　子どもといっしょに、行事食について知っているかを採点しましょう。
【上の(　)×2点＝　　　　点】

チェック2　食文化の認識度をチェックしてみましょう。【24点満点】

※18点以上:認識度OK　16～10点:もう少し　8点以下:まだまだ

【答え】①きんとん　②ごまめ　③ひので　④えび　⑤こぶまき　⑥かずのこ　⑦くろまめ　⑧だてまき　⑨おせち　⑩ぞうに　⑪ななくさがゆ　⑫おしるこ

約113%拡大するとB5判の用紙になります。コピーをして活用しましょう。

Ⅱ-1 食育だよりの考え方と実例…1月

II-1 食育だよりの考え方と実例12か月

2月の食育だより キーワード　病はソト、健康はウチ

　1月20日・21日ごろの大寒（だいかん）が過ぎると、いよいよ春到来です。冬から春への季節の変わり目が立春ですが、その前日のことを、季節の節を分けるといった意味で「節分」と呼んでいます。

　豆をまき、イワシの頭をヒイラギに刺して門口に置き、邪気や災難を払い清めます。力強く戸外に豆を投げ、鬼を追い払って福の神を迎え、豆を年の数だけ食べます。

　この時期は、季節の変わり目で不順な天候が続くため、病気になりやすく、「体の中から邪気（病気）を追い払う」といった願いも込められています。

　豆まきには大豆を用いますが、大豆は「畑の肉」といわれ、タンパク質やビタミンが多く、貧血予防の鉄、食物繊維やカルシウムも含まれています。節分に限らず、大豆や大豆製品を毎日食べるなど、ふだんからの健康な体作りを、家庭へ向けて提唱しましょう。

健康な体作りの意識を啓発する「食育だより」の発行計画

Point 1　ねらい

　「節分」にまつわる行事と食べ物とのいわれを伝え、病気と食べ物との関連性を理解し、健康な体作りのための食べ方を身につける。

Point 2　伝え方

①節分のいわれや「豆まき」に用いる大豆の効用を伝える。
②食べ方の悪さが病気を引き起こすことを認識させる。
③冬の食生活やその過ごし方のポイントを示す。

Point 3　内容：健康な体作りのために

①大豆・大豆製品の効用を知り、毎日食べて健康に過ごす

　発育期には良質のタンパク質が必要不可欠です。肉や魚を十分にとることも大事ですが、比べてみると大豆のほうがはるかに優れた食品であることがわかります。生活習慣病を防ぎ、脂肪を減らすためにも、大豆製品を食べましょう。

②家族で健康状態をチェックする習慣を身につける

　人間の体は栄養素から作られています。新しい細胞を作るためにも、エネルギーとして消費した栄養素を補給する必要があります。栄養のバランスが崩れてしまうと、病気になってしまいます。常に、家族で健康をチェックし合いましょう。

③冬を元気に乗り切るために、寒さに負けないじょうぶな体を作る

　冬は寒く、体を保温するためにエネルギーを消耗します。体の抵抗力を高め、かぜを予防するには、バランスよく組み合わせて食べることが大切です。

　体温を調節し、抵抗力をつけるタンパク質、喉や鼻の粘膜を強くするビタミンA、ウイルスの感染を防ぐビタミンCを十分にとり、じょうぶな体作りを心がけましょう。

> では、これらのキーワードやポイントを踏まえた2月の食育だよりの実例を次のページで見てみましょう！

2月の食育だより　　平成○○年2月
　　　　　　　　　　○○○○園

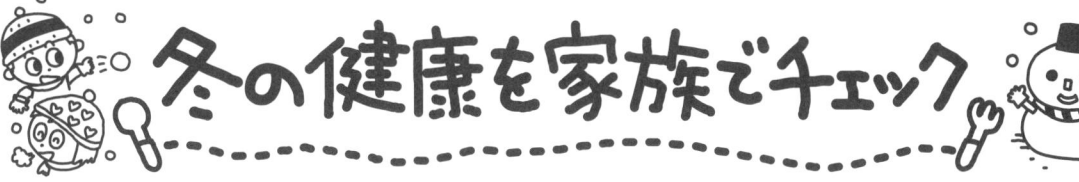

冬の健康を家族でチェック

健康な体作りのために、家族みんなで健康チェックをしましょう！

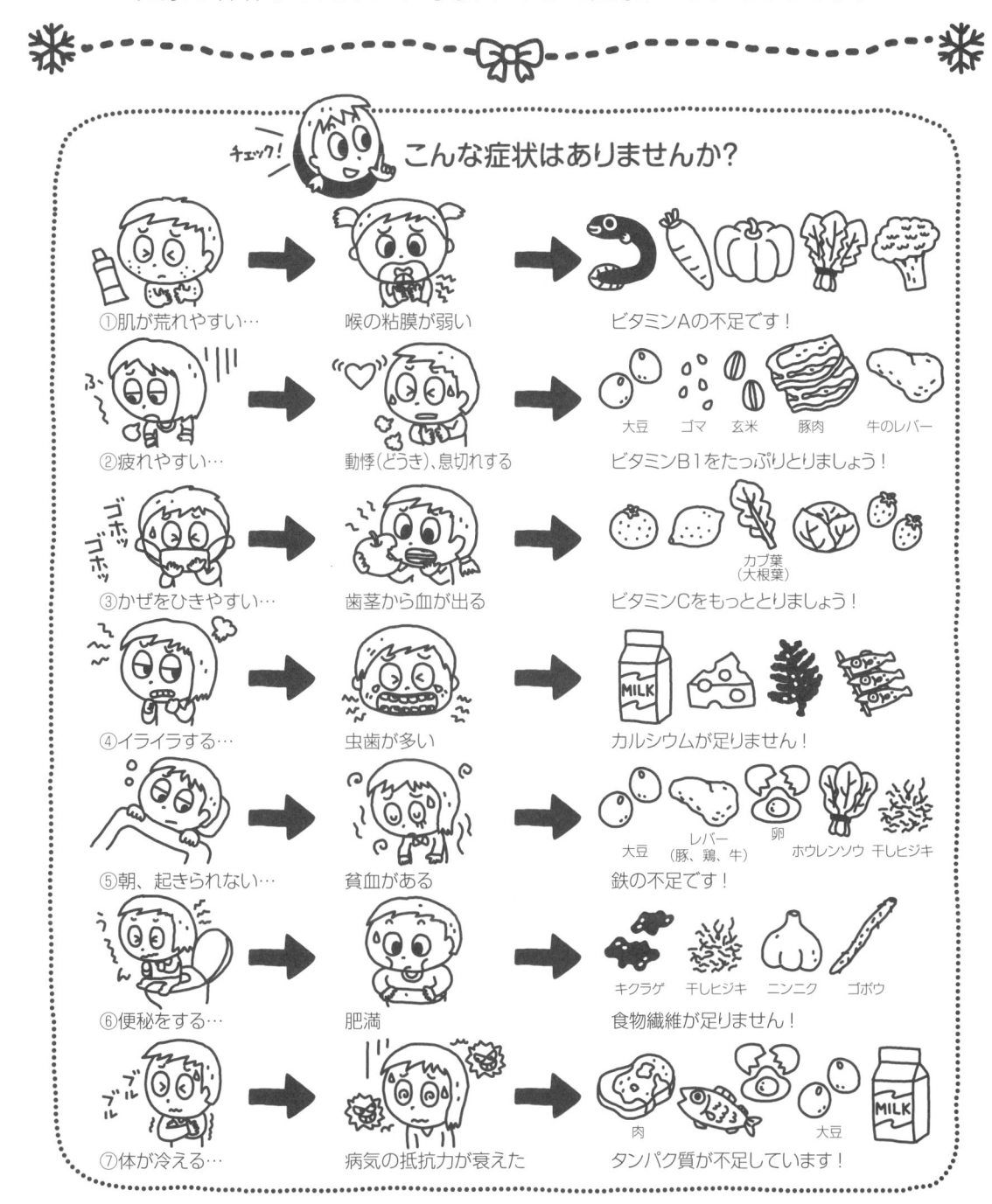

チェック！ こんな症状はありませんか？

①肌が荒れやすい… → 喉の粘膜が弱い → ビタミンAの不足です！

②疲れやすい… → 動悸（どうき）、息切れする → 大豆　ゴマ　玄米　豚肉　牛のレバー
ビタミンB1をたっぷりとりましょう！

③かぜをひきやすい… → 歯茎から血が出る → カブ葉（大根葉）
ビタミンCをもっととりましょう！

④イライラする… → 虫歯が多い → カルシウムが足りません！

⑤朝、起きられない… → 貧血がある → 大豆　レバー（豚、鶏、牛）　卵　ホウレンソウ　干しヒジキ
鉄の不足です！

⑥便秘をする… → 肥満 → キクラゲ　干しヒジキ　ニンニク　ゴボウ
食物繊維が足りません！

⑦体が冷える… → 病気の抵抗力が衰えた → 肉　大豆
タンパク質が不足しています！

←約113％拡大するとB5判の用紙になります。コピーをして活用しましょう。

II-1　食育だよりの考え方と実例12か月

3月の食育だより キーワード　よき食のコーディネーターとして

戦後、ララ（LARA）物資やユニセフ（国際児童基金）などからの援助を得て脱脂粉乳とパンの給食が始まり、60年以上がたちました。

当初は栄養失調が多く、給食は子どもたちの栄養補給が目的でしたが、子どもの体位も向上し、今では栄養摂取のほかに「人間関係の構築」や「社会性を育てる」、さらには「地域をつなぐ給食」へと給食の役割も変化しています。

日々の子どもとの生活にはさまざまな食文化があり、それをどうコーディネートしていくかはこれからの課題でもありますが、「食事は子どもが自立を獲得していくプロセスである」ことを保護者と共に認識し合い、家庭と園と地域を結ぶ「食」のコーディネーターとして、顔を出し声を出していく活動が期待されています。

「食」のコーディネーターとして取り組む「食育だより」の発行計画

Point 1　ねらい

『食育指針』（『楽しく食べる子どもに ～保育所における食育に関する指針～』）が実現を目指す5つの子ども像を参考に、「食を営む力」の必要性や内容を伝え、それを支援する環境作りを進める。

Point 2　伝え方

生涯にわたり健康で質の高い生活を営む力を育てるために、親子で現況をチェックし合い、食生活を改善するきっかけを提供する。

Point 3　内容

①**おなかがすくリズムが持てる子どもに**

3食決まった時間に食べ、生体リズムを整えましょう。食事を規則正しくとる人は、その1時間前から消化液の分泌の準備が始まり、腸の蠕動運動が始まります。

②**食べたいもの、好きなものが増える子どもに**

栄養バランスのとれた食事をすることは、望ましい食事のあり方を身につけることにもなり、味覚の幅が広がって食べたいものや好きなものが増えてきます。

③**いっしょに食べたい人がいる子どもに**

共食共感は社会性発達の目安となり、お互いを理解し合って望ましい人間関係を築きます。集団の中で、基本的な食事マナーや衛生的な習慣も身につきます。

④**食事作り、準備にかかわる子どもに**

お手伝いや当番活動を通し、食べ物は多くの人の手を経て「いただける」ことを学習します。自然の事象や恵み、働いている人への感謝の念も育てましょう。

⑤**食べ物を話題にする子どもに**

食事時間は30分を目安に、テレビを観ながらの食事は避け、食べることや食べ物に集中する環境を整えて、食卓コミュニケーションを楽しみましょう。

> では、これらのキーワードやポイントを踏まえた3月の食育だよりの実例を次のページで見てみましょう！

3月の食育だより　　　　　　　　　　平成○○年3月
　　　　　　　　　　　　　　　　　　　　　　○○○○園

1年間を振り返って……

まとめとして、子どもと共に1年間の食生活を振り返ってみましょう。
「はい」が8つ以上の人は、よくがんばりました。

①食事の前には必ず手をきれいに洗った。
（ はい　いいえ　ときどき ）

②食事の準備や後かたづけをよく手伝った。
（ はい　いいえ　ときどき ）

③感謝の気持ちを込めて、あいさつをした。
（ はい　いいえ　ときどき ）

④朝食を食べて、登園した。
（ はい　いいえ　ときどき ）

⑤食事は決まった時間に食べた。
（ はい　いいえ　ときどき ）

⑥おやつは決まった時間に決まった量だけ食べた。
（ はい　いいえ　ときどき ）

⑦よい姿勢で食べた。
（ はい　いいえ　ときどき ）

⑧よくかんでゆっくり食べた。
（ はい　いいえ　ときどき ）

⑨スプーンやはしが正しく使えた。
（ はい　いいえ　ときどき ）

⑩毎食、赤、黄、緑のそろった食事をした。
（ はい　いいえ　ときどき ）

⑪主食、主菜、副菜のそろった食事をした。
（ はい　いいえ　ときどき ）

⑫みんなで楽しく食べた。
（ はい　いいえ　ときどき ）

1年間、食育だよりでいろいろな話題を提供しました。
参考にしていただけたでしょうか？
食事場面での子どもたちの出来事やさまぎまな声をお聞かせください。

Ⅱ-1　食育だよりの考え方と実例…3月

← 約 113 ％拡大するとB5判の用紙になります。コピーをして活用しましょう。

Ⅱ-2 楽しい食育だより12か月

4月の食育だより

平成〇〇年4月
〇〇〇〇園

今月のテーマ

心と体を育てる食事を作ろう

台所での子どものお手伝いに関する実態調査を実施しました

●子どもが台所で手伝ってやってみたいこと
- 1位 野菜を切る
- 2位 卵を割る
- 3位 ケーキを焼く
- 4位 天ぷらを揚げる
- 5位 お米をとぐ

●母親や家族が実際にやらせていること
- 1位 食事の準備(食卓を拭く、食器や食材を食卓に運ぶ)
- 2位 食事の後かたづけ(食器を台所に運ぶ、食卓を拭く)
- 3位 洗った食器をふく、戸棚にしまう

　食育そのものの食事作りへの参加は、大人が食事作りや後かたづけを手早くすませたいと思うほど、子どもを台所から遠ざけているようです。
　母親や家族(大人)の心のゆとりが、どうやら『キッズ・イン・ザ・キッチン』のカギを握っています!

野菜当てクイズを行ないました

　対象は、目隠しをした3歳児クラスの園児です。
　食材はダイコン、ニンジン、キュウリを用い、その正解率は、

- 1位 キュウリ…76.9%
- 2位 ダイコン…50.0%
- 3位 ニンジン…42.3%

でした。
　ダイコンとニンジンの正解率が低かったのは、目隠しをしていたために、ダイコン=白色、ニンジン=赤色といったように、視覚での判断ができず、その影響が出たためと思われます。

　台所は子どもにとって、5つ(視・聴・臭・触・味)の感覚や、心を育てる絶好の場所です。
　食材が料理へと変化していく不思議な場所でもあり、食事作りへの参加というよりは、まずは子どもに対して、「もっと見せよう」「触らせてみよう」といったところから…

我が家の食育をスタートさせましょう!

※【4月の食育だより】…このグレー部分を切り落とし、貼り合わせて約121%拡大するとB4判用紙の大きさになります。

もっと見せよう、触ってみよう

　幼児期の食体験は、生涯の食生活にも大きな影響を与えます。子どもには、いろいろな食材に関心を持ってもらいたいものです。
　そこで、親子でいっしょに楽しみながらできる、こんなゲームはいかがでしょうか？

実践1　野菜・果物当てゲーム

①家にある野菜や果物を用意します。

②目隠しをして、野菜や果物を触らせ、何を触ったかを聞いてみます。

なるべく大きさや形、硬さの似たものを選ぶと、微妙な違いがわかるようになってきます。

実践2　食べて当てよう、これなあに？

★初級：バナナ、リンゴ、イチゴ、キウイ、ナシ

★★中級：ピーマン、キャベツ、タマネギ、トマト

★★★上級：カボチャ、ナス、ダイコン、サツマイモ

①ひと口サイズに切った食材を、ようじに差します。

②目隠しをして食べさせ、何を食べたか聞いてみましょう。

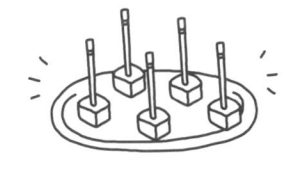

食べやすい食材から始めます。
食べにくい食材は、火を通しましょう。

※【4月の食育だより】…このグレー部分を切り落とし、貼り合わせて約121％拡大するとB4判用紙の大きさになります。

II-2 楽しい食育だより12か月

5月の食育だより

平成〇〇年5月
〇〇〇〇園

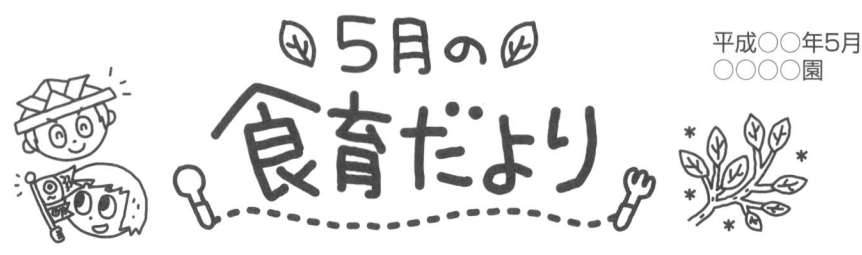

今月のテーマ

食の学習動作を育てる① **よくかんで食べる**

吸うことから食べることへの発達を知りましょう！

摂食行動は、ほ乳期から離乳期を経て「吸啜（きゅうてつ）」（すすること）から「咀しゃく」（かみつぶし飲み込むこと）へと発達していきます。

離乳期に徐々に軟らかいものから硬いものへと、咀しゃくの学習体験を積み重ね、2歳くらいまでには「かめる」ようになっていることが望ましいとされています。

摂食機能は、発達の一現象で、子どもみずからが自分の意志で口唇・舌・あごを動かせるようになるには、発達段階に合わせた離乳の進め方が重要です。離乳期から3歳ごろまでのトレーニングが、その動かし方を学ぶ時期といえるでしょう。

子どもの食べる学習の教師は、保護者であり、保育者であり、育児担当者です。その教科書は、食材や調理形態なのです。

2歳児くらいまでには「かめる」ように

子どもはどのようにして食べることを学ぶのでしょう？

食べるという行動は、捕食（取り込む）、咀しゃく（かみつぶす）、嚥下（飲み込む）という一連の運動です。

この機能の発達には、口腔内での十分な感覚刺激（触、熱、味）が必要で、「感じたら動きだす」その反射的な口唇・舌・あごの動きに沿った介助のあり方が問われます。

間違うと、不適切な機能やくせが形成されて、その後の幼児期や児童期に問題として残ります。

その一例が、

①かめない子、飲み込むのがへたな子
②偏食の多い子
③食べる意欲のない子

などです。

かむ機能を育て、噛むことを忘れないためにも、離乳期から…

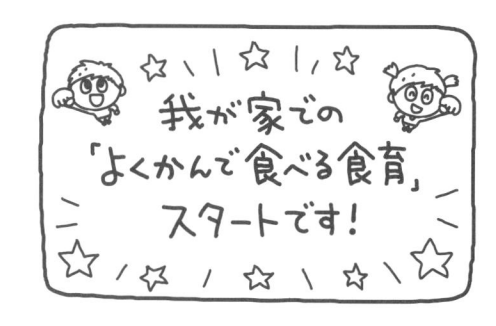

我が家での「よくかんで食べる食育」スタートです！

※【5月の食育だより】…このグレー部分を切り落とし、貼り合わせて約121％拡大するとB4判用紙の大きさになります。

伝えよう！よくかむこと・味わうこと

「8020（ハチマルニイマル）運動」を知っていますか？ 厚生労働省が1989（平成元）年に提唱した、80歳になっても自分の歯を20本以上残そうという運動です。

よくかむためには、よい歯やじょうぶな歯茎が必要です。

子どものころから、よくかむ習慣を身に付けましょう。それには、かむ効用を意識させ、繰り返し習慣化を図る取り組みが大切です。

よくかむことは、なぜいいの？

ひみこのはがいーぜ！

ひ	肥満防止		は	歯周病の予防、歯茎の形成
み	味覚の発達		が	ガン予防
こ	言葉の発音が明瞭		い	胃腸快調
の	脳の発達		ぜ	全力投球（元気のもと）

出典：学校食事研究会発行・月刊『学校の食事』より

実践 よくかむと、何かが変わる？ どう変わる？

かむ習慣づくりは、「よくかもう」と意識することから始めます。食事の中で、まずはかむことの大切さをゲーム感覚で伝え、大人も子どもといっしょに、食卓で自分自身と向き合ってみましょう。

① 今日の食事でよくかんだものは何ですか？
　…何を？（　　　　　　　　）／何回？（　　　回）
② よくかむと、どうなりましたか？
③ よくかむと、どんな味がしましたか？
④ ご飯を30回以上かんでみましょう。
⑤ 野菜を30回以上かんでみましょう。
⑥ よくかむと、何がいいのでしょう？

工夫して伝えたい 我が家の「よくかむレッスン」！

※【5月の食育だより】…このグレー部分を切り落とし、貼り合わせて約121％拡大するとB4判用紙の大きさになります。

II-2 楽しい食育だより12か月

6月の食育だより

平成○○年6月
○○○○園

今月のテーマ

食の学習動作を育てる② 何でも食べる

幼児期から味覚のレッスンを

幼児期は味覚の幅を広げるレッスン期でもあります。五原味とは、甘味、塩味、旨味、苦味、酸味のことをいいますが、

①人間は生まれながらにして本能的に好む味（甘・塩・旨）と最初にどう出会うのか。
②そのほかの味（苦・酸）とは実体験をどう重ねていくのか。

が重要なカギとなります。それには離乳期からの食べ物との出会いをどのように体験学習させるかにかかってきます。

なぜできてしまうの？ 食べ物の好き嫌い

人は生まれつき自分にとって「おいしい」「まずい」を区別する能力を持っています。
外界からの刺激を受け取り、それに反応するとき、

①ヌルヌルして食べにくい、パサパサして食べづらい（触覚）
②苦くて嫌だ、酸っぱくて食べたくない（味覚）
③生臭くて嫌だ（臭覚）

といった感覚でとらえられ、どう学習して記憶するかにより食嗜好は発生します。
また、子どもは食べ慣れた食品を好みますが、一方では、出会っていない食品にはなじめず、「食わず嫌い」も少なくありません。

●何でも食べられるようになるには？

①子どもの食べやすい調理法の工夫
②楽しい食事の環境設定　など

子ども主体の食事について、大人側の見直し改善が必要でしょう。特に幼児期において、家庭での食事・給食を介して、食べ物の素材に触れ、色、形、においの感覚を受け止めて味覚の体験学習を繰り返すことは、味覚のレパートリーを広げるためにも欠かせません。

我が家の食事状況（環境、条件）から、子どもが自分にとってよい選択をするような「食育のあり方」を検討してみましょう。

※【6月の食育だより】…このグレー部分を切り落とし、貼り合わせて約121％拡大するとB4判用紙の大きさになります。

何でも食べよう！バランス良く

好き嫌いなく何でも食べられるようになるには、食事を強制してはいけません。子どもに「食事は嫌だ、つらい」という思いを抱かせてしまいます。

子どもにとっての「楽しい食事環境づくり」を考えてみましょう。

実践 何でも食べられるようになるために

①いっしょに食べる
親や友達といっしょに食べることで、「食べてみようかな」と興味を持ち始めます。「おいしい」と食べる姿を見せることも大切です。

②いっしょに料理をする
いっしょに料理をすることによって、みんなで作って食べる喜びが味わえます。

③強制しない
嫌いな食べ物を強制されることで、「食事＝楽しくない」という思いを抱かせてしまいます。

④調理にひと工夫
生野菜に火を通す、好きな食べ物といっしょに混ぜるなど、食べやすいように工夫をしましょう。

⑤収穫の喜びを知る
野菜作りや収穫をすることで、作物を作る楽しさを知ることができます。

⑥離乳食からの基礎づくり
離乳期から、さまざまな食材と出会わせることで、味覚の土台を広げることができます。

実体験を通した食材、栄養バランスの食育プログラムづくりを！

※【6月の食育だより】…このグレー部分を切り落とし、貼り合わせて約121％拡大するとB4判用紙の大きさになります。

Ⅱ-2 楽しい食育だより12か月…6月

II-2 楽しい食育だより12か月

7月の食育だより

平成○○年7月
○○○○園

今月のテーマ

食の学習動作を育てる③ **みんなと食べる**

だんらんする食卓づくり

人間だからこそ、同じ場所で、みんなといっしょに食事をすることができます。食事をしながら話し合い、時間を共有することで心を許し合い、和み、人と人とをつなぎます。
　食事の効果を高め、子どもの豊かな情操を育てるための「楽しい食卓づくり」を心がけましょう。

いつごろから、みんなと楽しめるの？

4～5歳ごろになれば、共食（社会食べ）を楽しめるようになります。それができる目安としては、

> ①ひとりで食べられる「自立食べ」が確立している。
> ②みんなと同じ「リズム」で食べられる。
> ③みんなと楽しく「会話」をしながら食べられる。

一方、保護者や家族に求められることは、子どもがみんなと気持ちよく楽しんで、食べるための「マナー」や「習慣」を身に付けるための「しつけ」です。
　「共食共感」は、子どもの社会性を育てる大きな目安になります。

いっしょに食べると、なぜいいの？

> ①人間関係がより強くなり、家族の会話が増えます。
> ②子どもの心が安定し、情緒や感性が発達します。
> ③文化(生き方、食べ方、暮らし方 など)を伝えます。
> ④社会の規範やマナーが学習できます。
> ⑤たくさん食べることができます。

右の調査結果からも、人といっしょに食べることがよいとわかります。

子どもの朝食の食欲

	両親と食べる	子どもだけで食べる
よく食べる	17.1%	14.7%
あまり食べない	20.0%	28.8%
ふつう	62.6%	56.6%

「1988（昭和63）年度国民栄養調査」結果より

食卓は子どもの「心の栄養状態」をキャッチできる絶好の場！

※【7月の食育だより】…このグレー部分を切り落とし、貼り合わせて約121％拡大するとB4判用紙の大きさになります。

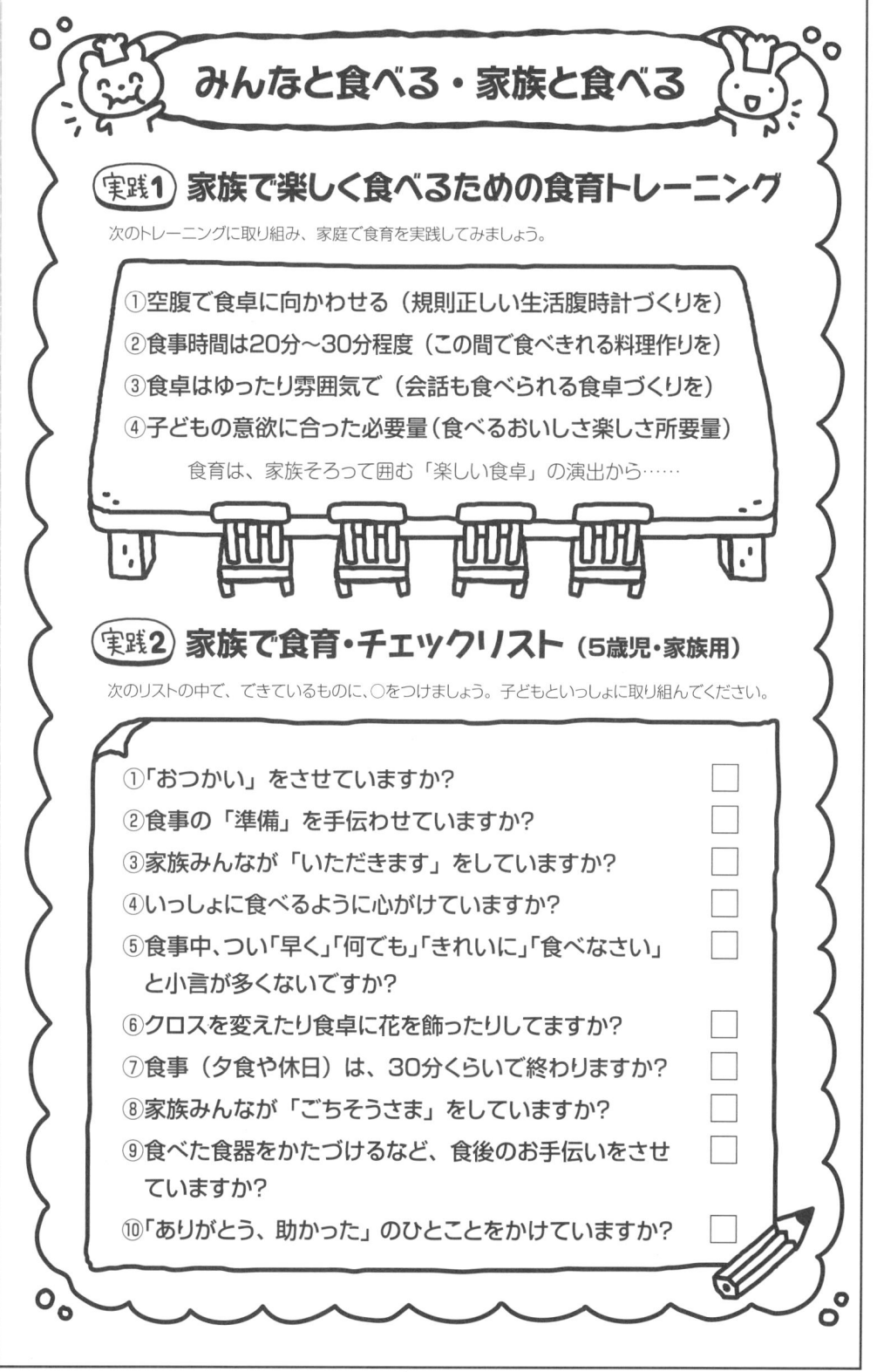

みんなと食べる・家族と食べる

実践1 家族で楽しく食べるための食育トレーニング

次のトレーニングに取り組み、家庭で食育を実践してみましょう。

① 空腹で食卓に向かわせる（規則正しい生活腹時計づくりを）
② 食事時間は20分〜30分程度（この間で食べきれる料理作りを）
③ 食卓はゆったり雰囲気で（会話も食べられる食卓づくりを）
④ 子どもの意欲に合った必要量（食べるおいしさ楽しさ所要量）

食育は、家族そろって囲む「楽しい食卓」の演出から……

実践2 家族で食育・チェックリスト（5歳児・家族用）

次のリストの中で、できているものに、○をつけましょう。子どもといっしょに取り組んでください。

① 「おつかい」をさせていますか？ ☐
② 食事の「準備」を手伝わせていますか？ ☐
③ 家族みんなが「いただきます」をしていますか？ ☐
④ いっしょに食べるように心がけていますか？ ☐
⑤ 食事中、つい「早く」「何でも」「きれいに」「食べなさい」と小言が多くないですか？ ☐
⑥ クロスを変えたり食卓に花を飾ったりしてますか？ ☐
⑦ 食事（夕食や休日）は、30分くらいで終わりますか？ ☐
⑧ 家族みんなが「ごちそうさま」をしていますか？ ☐
⑨ 食べた食器をかたづけるなど、食後のお手伝いをさせていますか？ ☐
⑩ 「ありがとう、助かった」のひとことをかけていますか？ ☐

※【7月の食育だより】…このグレー部分を切り落とし、貼り合わせて約121％拡大するとB4判用紙の大きさになります。

Ⅱ-2 楽しい食育だより12か月…7月

II-2 楽しい食育だより12か月

平成〇〇年8月
〇〇〇〇園

8月の食育だより

今月のテーマ

食材を選んで食べる

旬を選んでよく見せよう・食べてみよう

　流通の発展などにより、野菜や魚の「旬」の時期が忘れられ、1年中、いつでも、何でも、すぐに食べられるようになりました。

　しかし、こういった状況は食生活を豊かにしている反面、季節感をなくし、味わう感覚を鈍くしてしまいます。今こそ「旬」の味わいを食卓に！

「旬」の効用 ～旬の食材を食べるとなぜいいの？～

タケノコ、イチゴ　など
　体の機能を活性化する酵素が豊富に含まれています。冬に蓄積した毒素を、体外に放出します。

スイカ、キュウリ、トマト　など
　暑さでほてった体を冷やし、日焼けした皮膚を回復させます。

リンゴ、ミカン、ダイコン　など
　体を温める良質のタンパク質、脂肪、糖質を多く含む食材が、寒さから体を守ります。

カキ、ブドウ、クリ　など
　糖質、ビタミン、ミネラルが豊富な成分を含み、夏バテを解消します。

春	夏
冬	秋

※【8月の食育だより】…このグレー部分を切り落とし、貼り合わせて約121％拡大するとB4判用紙の大きさになります。

※【8月の食育だより】…このグレー部分を切り落とし、貼り合わせて約121%拡大するとB4判用紙の大きさになります。

実践1 本来の姿を見せよう！

見たり、嗅いだり、触れたりしながら、「食材本来の姿」を知る機会を増やしましょう。

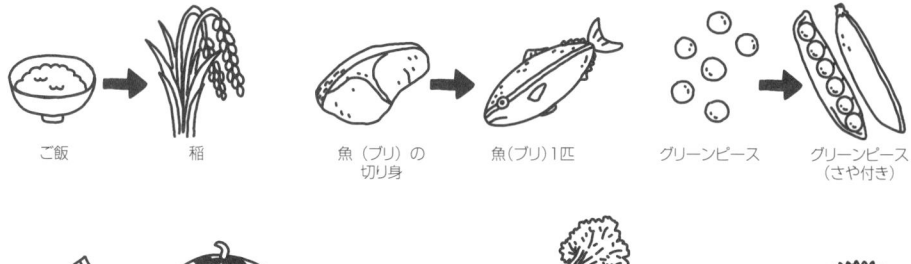

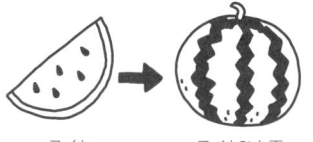

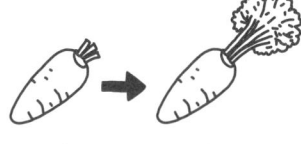

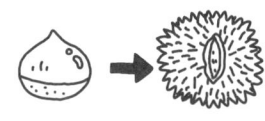

| ご飯 → 稲 | 魚（ブリ）の切り身 → 魚（ブリ）1匹 | グリーンピース → グリーンピース（さや付き） |
| スイカ → スイカひと玉 | ニンジン → ニンジン（葉付き） | クリ → イガグリ |

実践2 「旬」の食材・選び方のポイント

旬がわかりづらくなった現代の食生活。季節感のある食育を！旬の食べ物で、味わう心を育てましょう。

春	キャベツ ・重くて固い ・葉が重なって球状	タケノコ ・皮にツヤがある ・ズングリしている	カツオ ・目が赤くない ・銀の横縞がハッキリしている
夏	トマト ・実が締まっている ・へたがきれいな緑色	ナス ・紫色でツヤがある ・へたがチクチクする	アジ ・目が澄んでいる ・青光りしている ・ツヤがある
秋	カボチャ ・軸が太い ・ガッシリと重い	シイタケ ・笠が肉厚 ・軸が太い	サンマ ・目が澄み色鮮やか ・ピンと張っている
冬	ダイコン ・白くて張りがある ・ズッシリと重い	レンコン ・太くて真っ直ぐ ・穴が汚れていない	タラ ・目が澄んでいる ・身が透明感ある白色 ・ツヤがある

（※切り身で売られているときは、切り口から水分が多く出ていないものを選ぶ）

Ⅱ-2 楽しい食育だより12か月…8月

II-2 楽しい食育だより12か月

9月の食育だより
平成〇〇年9月
〇〇〇〇園

今月のテーマ

体験させよう食事作り

子どもはクッキングに興味津々

右の表は、子どもが「料理に関心を持ち始めた年齢」を調べた結果です。この表からも、子どもがクッキングに興味を持っていることがわかります。

子どもがいくらクッキングに興味を持っていても、「まだ幼いから」や「後がたいへん」などと、大人が消極的になっていませんか？

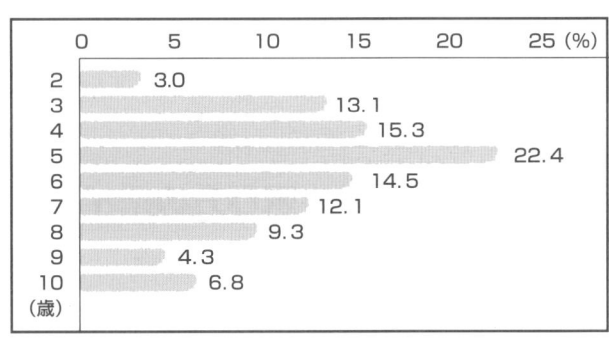

年齢（歳）	割合（%）
2	3.0
3	13.1
4	15.3
5	22.4
6	14.5
7	12.1
8	9.3
9	4.3
10	6.8

台所で、もっと「"子"ミュニケーション」を！

食事の大事さや楽しさは、毎日の生活の中で伝えましょう。

子どものお手伝いは、「作る・食べる・かたづける」を体験しながら学ぶよい機会ですが、家族でサポートすることが大切です。

幼児にできる「毎日の食事のお手伝い」

- 料理ができるまでを見せる
- テーブルふき
- 食器をさげる
- 食器を運ぶ
- 配膳する
- 食べる
- 食器をふく

いっしょに作って・食べて・伝えよう！

※【9月の食育だより】…このグレー部分を切り落とし、貼り合わせて約121％拡大するとB4判用紙の大きさになります。

お手伝いをさせるときの約束ごと

お手伝いのときは、「危ない」と大人がハラハラするよりも、「手伝って」のひと言が子どものやる気を育てます。

水を使うときの注意・約束ごと
- 蛇口をきちんと調節し、水は大切に使いましょう。

包丁を使うときの注意・約束ごと
- 包丁の持ち方・扱い方は、きちんと教えてから使い始めるようにしましょう。
  （包丁を持つ手と反対の手を、きちんと添えて使う、など）
- 包丁を持ったまま立ち歩かないようにしましょう。

火を扱うときの注意・約束ごと
- 大人といっしょに、周りをかたづけてから扱いましょう。
- 火加減の調節を覚えましょう。

「資源を大切にする心」「調理は遊びごとではないこと」をきちんと教えましょう！

※【9月の食育だより】…このグレー部分を切り落とし、貼り合わせて約121％拡大するとB4判用紙の大きさになります。

II-2 楽しい食育だより12か月

10月の食育だより

平成○○年10月
○○○○園

今月のテーマ
食卓のルールを教える

「社会食べ」って何？

3歳ごろには自分で食べられるようになります。このころから、食事のマナーやルールを守り、家族や友達みんなで会話をしながら楽しく食べる「社会食べ」へと発達していきます。

だからこそ、この時期に食生活の基本的なルールを教え、マナーを身に付けさせることが大切なのです。

社会食べ
いただきます！

どうしてる？ 食卓ルールの伝え方

子どものようすを見て、必要な環境設定をし、教えていきます。
大人も自分自身や家族の食生活を見直すよい機会になります。

①家族でいっしょに食事をする
団らんして、「心の安定」を図ります。食卓は子どもの心をキャッチできる絶好の場です。

②食事のときにテレビは消す
子どもが「食事に集中」できる環境を整えます。

③大人が見本を見せる
口を閉じて、よくかんで食べます。何でも楽しく食べましょう。

④毎日繰り返す
毎日繰り返される中で、しぜんに身につくよう工夫しましょう。

毎日

心をはぐくみ、生活力を育てる食育を！

※[10月の食育だより]…このグレー部分を切り落とし、貼り合わせて約121％拡大するとB4判用紙の大きさになります。

伝えていますか? 食事のマナーや食卓ルール

実践 食卓食育・チェックリスト

次のリストの中で、できているものに、○をつけましょう。子どもといっしょに取り組んでください。

日々の食生活について

① トイレや手洗いをすませ、食卓につかせている。 ☐
② 食事はテレビを消してから始めている。 ☐
③ 家族そろって「いただきます」をしている。 ☐
④ 花やクロスなど、食卓の演出を心がけている。 ☐
⑤ 配膳や食器の並べ方を子どもに教えている。 ☐
⑥ できる限り、だれかがいっしょに食べている。 ☐

食べている子どものようすについて

⑦ 食事中、ひじやほおづえをつかずに食べている。 ☐
⑧ お茶碗を持つ手は正しく添えられている。 ☐
⑨ おはしをじょうずに使えている。 ☐
⑩ 自分の好きなものだけを選んで食べたりしていない。 ☐
⑪ クチャクチャと音をたてずに食べている。 ☐
⑫ 決められた時間(30分以内)で食べ終わる。 ☐
⑬「ごちそうさま」をしてから席を立っている。 ☐
⑭ 自分で使った食器は自分で台所に下げている。 ☐

チェック　子どもといっしょに、食事のマナーや食卓ルールが守れているか採点しましょう。
【上の○×1点＝ _____ 点　※14点満点】

※12点以上：順調です　11〜9点：まずまずです　8点以下：大人がもっと見本を示しましょう

※【10月の食育だより】…このグレー部分を切り落とし、貼り合わせて約121％拡大するとB4判用紙の大きさになります。

II-2 楽しい食育だより12か月

11月の食育だより
平成○○年11月
○○○○園

今月のテーマ

はしづかいを教える

手に合った「はし」を選んでいますか？

はしは、手のひらより3センチくらい長めのものを使います。

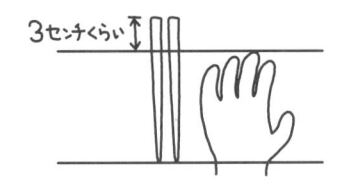

伝えていますか？ 正しいはしの持ち方

あせらず、根気強く教えましょう。
まだまだはしがじょうずに持てないときは、1本ずつのはして、「握り方」から練習してみましょう。

① はし1本をエンピツ持ちします。もう1本をひとさし指と薬指の間に入れます（※はし先はそろえましょう）。

② 上のはし（動かす）……（小指と薬指で石などを握り）ひとさし指と中指ではしを挟み、上下に動かします。

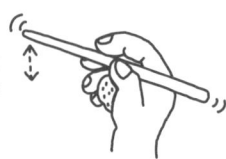

③ 下のはし（固定する・動かさない）……親指の付け根で挟み、はしの中間点を、薬指のつめの下の横腹で固定します。はしを動かしません。

④ 親指で2本のはしを支えます。

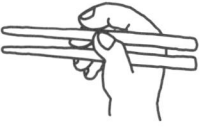

⑤ ①～④ができたら2本いっしょに持って、上のはしだけ上・下に動かしてみましょう（※はしは軽く持ち、手に余分な力は入れません）。

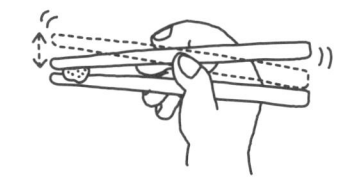

※【11月の食育だより】…このグレー部分を切り落とし、貼り合わせて約121％拡大するとB4判用紙の大きさになります。

伝えていますか？ いろんなはしの使い方

「はしづかい」とは何でしょうか。それは、日常の食生活で手や指を十分に使い、じょうずにはしでさばいて食べることです。
はしが正しく持てるようになったら、チャレンジさせてみましょう。

実践 はしづかいのいろいろにチャレンジ！

①ご飯を乗せる　②豆をつまむ　③煮もの（イモ）を挟む

④納豆を混ぜる　⑤魚をほぐす　⑥のりでくるむ

⑦うどんを挟んで切る　⑧ひと口サイズに切り分ける

じょうずなはしさばきは、「一生の宝」です！

※【11月の食育だより】…このグレー部分を切り落とし、貼り合わせて約121％拡大するとB4判用紙の大きさになります。

Ⅱ-2 楽しい食育だより12か月

12月の食育だより

平成○○年12月
○○○○園

今月のテーマ
郷土の味を伝える

郷土食とは?
昔から、その土地で獲れた農作物を使い、気候（寒・温・冷・熱）など、住んでいる環境を生かして作られた食べ物を郷土食といいます。郷土食は、日常生活の中で繰り返し体験し、受け継がれていった味なのです。

あなたの郷土のお雑煮は?
①お雑煮は、お正月に欠かせない料理です。

（いわれ）
もともとは「臓煮」と書き、栄養豊富な材料を取り合わせて食べ、五臓を温めて、新たな年をスタートするといった意味が含まれています。
※参考：『日本料理』辻 勲（辻学園BOOKS）

②お雑煮は、それぞれの地域や家庭により「使う食材」や「料理のしかた」が違います。

●もちのかたち・下ごしらえ
ゆでまる餅（関西）、
焼きかくのし餅（関東）、
ゆでかく餅（金沢）、
焼きまる餅（長崎）

●具
魚：鮭・イクラ（北地域）、
　　塩ブリ（関西）
野菜：ダイコン、
　　サトイモ、ゴボウ、
　　ニンジン、シイタケ
肉：鶏肉

●だし汁の材料
昆布、かつおぶし、
煮干し、焼きハゼ（広島）、
焼きアゴ（博多）

●汁の仕立て方
すまし汁（関東以北、山陽、九州、四国）、
白みそ仕立て（関西、京都）

我が家の「お雑煮」は、どんな味ですか?

※【12月の食育だより】…このグレー部分を切り落とし、貼り合わせて約121%拡大するとB4判用紙の大きさになります。

伝えよう！各地のお雑煮・お国ぶり

「かるた」などで、地域や家庭によって異なる「食材の使い方」、「料理のしかた」を伝えましょう。

実践 「各地のお雑煮・お国ぶり」かるたを作ろう

あ きた
焼きかく餅
山菜
キノコ
すまし汁

に いがた
焼きかく餅
イクラ
塩ザケ
すまし汁

と うきょう
焼きかく餅
鶏肉
かまぼこ
すまし汁

な ごや
ゆでかく餅
コマツナ
かつおぶし
すまし汁

き ょうと
ゆでまる餅
ヤツガシラ
ミブナ
白みそ汁

た かまつ
小豆入りまる餅
ダイコン
ニンジン
白みそ汁

は かた
ゆでまる餅
ブリ
シイタケ
すまし汁

な がさき
ゆでまる餅
焼きとり
かまぼこ
すまし汁

わ がや
？

※〔12月の食育だより〕…このグレー部分を切り落とし、貼り合わせて約121％拡大するとB4判用紙の大きさになります。

Ⅱ-2 楽しい食育だより12か月…12月

II-2 楽しい食育だより12か月

1月の食育だより

平成○○年1月
○○○○園

今月のテーマ

年始の行事と食べ物

年始の行事のいわれ

年の初めに、わが家の先祖である「神さま」を迎え、今年一年の家族の「健康」と無事に「豊かに過ごせる」ことを祈り、お供えもの（おせち料理）を下げて、新年を迎えられたことに感謝し、みんなで祝食します。

新年を「祝う」こころ

お正月の神さまを、清らかな気持ちでお迎えしましょう。
お迎えするにあたって……

①大掃除や、すす払いをします。
②「お飾り」を飾ります。
・玄関に、門松を立てる
・台所やお手洗いには、しめ縄を飾る
・神棚や仏壇、床の間に鏡餅を供える
③お供えもの（おせち料理）を作ります。

子どもと祝うお正月

新しい年への緊張感と期待感に、胸を膨らませ、家族そろってお祝いします。

今年もよい年でありますように

①初詣（初参り、初日の出）に出かけましょう。
②若水（わかみず＝元旦の朝の「水」）で顔を洗いましょう。
③おせち料理やお雑煮で祝食しましょう。
④「お正月遊び」で楽しみましょう。
⑤「書き初め」をしてみましょう。

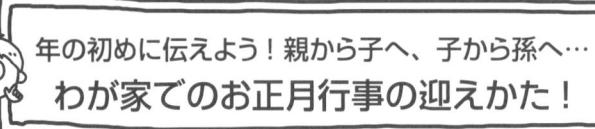

年の初めに伝えよう！親から子へ、子から孫へ…
わが家でのお正月行事の迎えかた！

※【1月の食育だより】…このグレー部分を切り落とし、貼り合わせて約121％拡大するとB4判用紙の大きさになります。

おせち料理とそのいわれ

おせちには、昔からの風習、家族の歴史、地方色が表れます。

① 一の重（口取り・祝肴）

- 黒豆　　　：健康でマメに暮らす
- カズノコ　：子宝に恵まれる
- 田作り　　：豊作の祈りをこめる
- コンブ　　：「よろコンブ」の意味
- キントン　：金団。お金に見たて、お金がたまる

② 二の重（焼き物・酢の物）

- タイ：「おめでタイ」ことの意味
- エビ：腰が曲がるまでの長寿

③ 三の重（煮物）

- ダイコン　　　　：根をはって生きる
- ゴボウ　　　　　：細く長く生きる
- クワイ・サトイモ：踏まれても強く生きられるように

【実践】やってみよう！　簡単おせちの作り方

一の重　リンゴキントン

【材料】
サツマイモ（金時）…正味200g
リンゴ（紅玉）…1/2個

【調味料】
砂糖…80g　水…1/2カップ
塩…小さじ1/4　みりん…大さじ1

【作り方】
① サツマイモの皮は厚く剥き、輪切りにしてゆでる。
② 熱いうちに裏ごしする。
③ 調味料を入れて、照りがでるまで練り上げる。
④ ③が冷めたら、イチョウ切りにしたリンゴを加える。

三の重　焼き豚

【材料】
豚肩ロース肉（かたまり）…500g、ショウガ1片、ネギ1本、（ニンニク1片）、サラダ油…大さじ2

【調味料】
水…2カップ　酒…大さじ5
砂糖…大さじ2　しょうゆ…3/4カップ

【作り方】
① 豚肉はたこ糸を巻き、形を整える。
② ①を焼いて焼き色をつける。
③ 厚手のなべに、調味料と②、ショウガとネギを入れ、煮込む。

※【1月の食育だより】…このグレー部分を切り落とし、貼り合わせて約121%拡大するとB4判用紙の大きさになります。

II-2 楽しい食育だより12か月

2月の食育だより

平成○○年2月
○○○○園

今月のテーマ

五感で味わう食事

台所の「音」が聞こえますか？

水の流れる音がしていますか？「ジャー・ジャー・ジャー」
まな板と包丁を使っていますか？「トン・トン・トン」
煮・炊きをしていますか？「クツ・クツ・クツ」
……食材を洗ったり、切ったり、煮炊きする「音」がしてますか？

台所から「におい」がただよっていますか？

湯気がたってきて、ふたを開けると、プーンとおいしそうな「におい」。
煙が立ってきて、しばらくすると、あらたいへん！ 焦げた「におい」。
……台所で、いろいろな「におい」がしていますか？

食事ができるまでの「音」や「におい」に触れ、子どもの五感は育ちます。食事の時間を、ワクワク期待しながら待つ……。その間、体の中で消化酵素（唾液）が分泌され、消化しやすい状態になっていきます。

味覚は「体験」が育てます！

食事を通し、食材に触れ、色、形、におい、音の感覚を受け止めて、繰り返し体験することによって、味わう感覚が育ちます。
まずは食事作りに参加させ、五感を育てましょう。

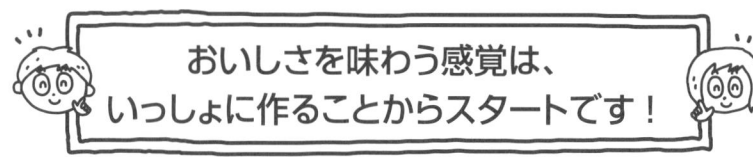

おいしさを味わう感覚は、いっしょに作ることからスタートです！

※【2月の食育だより】…このグレー部分を切り落とし、貼り合わせて約121％拡大するとB4判用紙の大きさになります。

※【2月の食育だより】…このグレー部分を切り落とし、貼り合わせて約121%拡大するとB4判用紙の大きさになります。

考えよう！子どもが感じるおいしさ要素

子どもにとっておいしいと感じる要素とは、何なのでしょうか？
わが家の台所や食卓で、考えてみましょう。

① 作る

いっしょに作っているとき、食べ物をおいしそうに感じますか？
音やにおいなど、おいしそうに感じる要素はいろいろとありますね。

水の音が
「ジャー・ジャー・ジャー」

まな板と包丁を使って
「トン・トン・トン」

煮炊きをして
「グツ・グツ・グツ」

② 食べる

そうして作った料理は、おいしいですね。
「いただきます」「ごちそうさま」のあいさつも弾みます。

いただきます！

ごちそうさま！

③ 後かたづけ

後かたづけもしっかりとして、最後まで気持ちよく！

いっしょに作って、食べて、かたづけをして
おいしかったね！

Ⅱ-2　楽しい食育だより12か月…2月

II-2 楽しい食育だより12か月

平成○○年3月
○○○○園

3月の食育だより

今月のテーマ
楽しい食生活

✿「楽しい食事」から育つもの

子どもたちに、おいしいものを食べる力だけでなく、五感をしっかり使った食べ方を体得させていますか？
「楽しい食事」体験は、子どもの五感を育て、食べる意欲を育てます。それには、生活全体を見通した「食育」での働きかけが重要です。

✿食べる意欲は生きる意欲

食べる意欲の大切さを、毎日の生活を通して伝え、気づかせましょう。

①幼児期からの食事作り体験

②家族そろっての楽しい食事

③規則的な生活リズムの確立

④快眠・快食・快便・自律生活

※【3月の食育だより】…このグレー部分を切り落とし、貼り合わせて約121％拡大するとB4判用紙の大きさになります。

「食育習慣」定着チェック

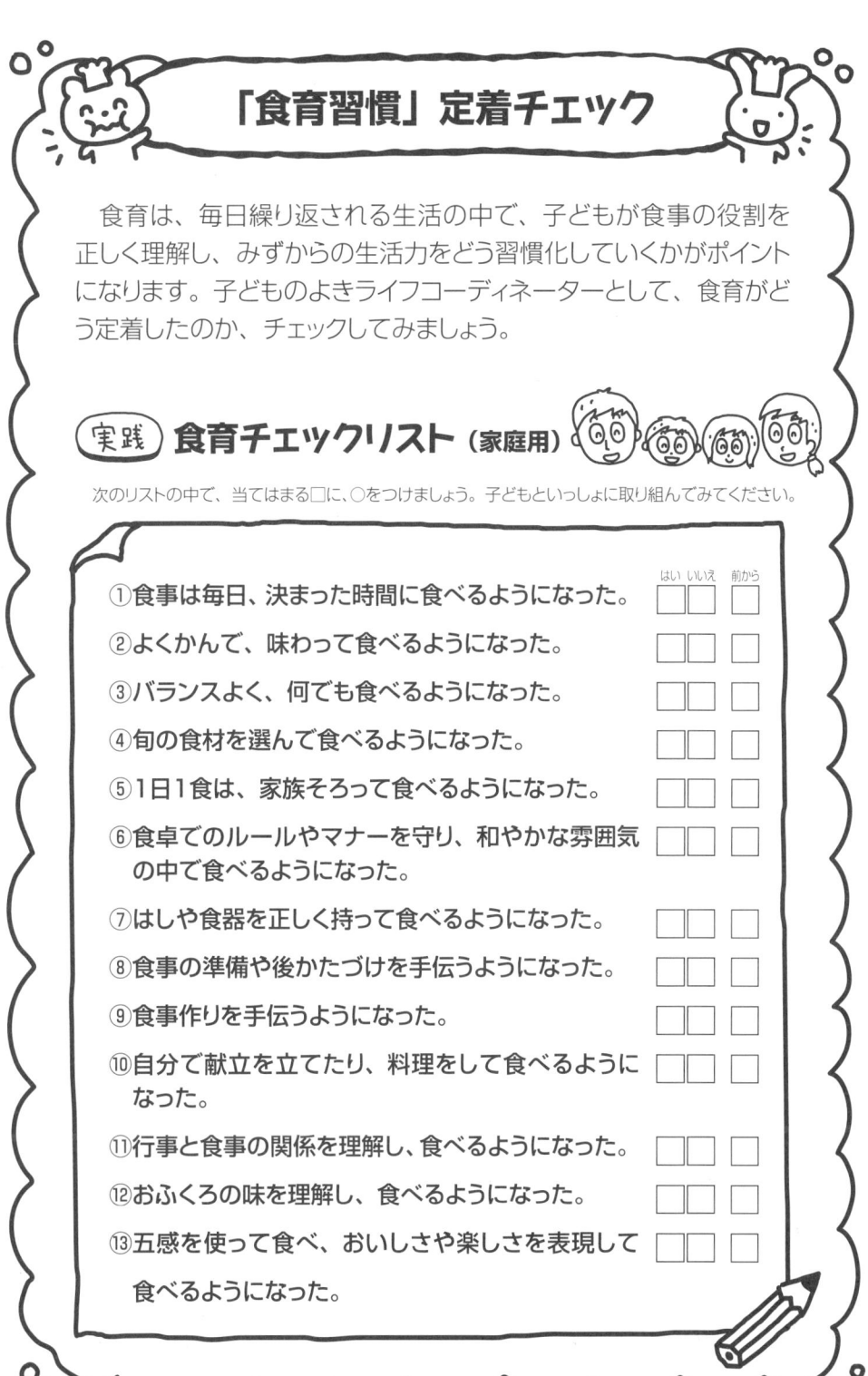

　食育は、毎日繰り返される生活の中で、子どもが食事の役割を正しく理解し、みずからの生活力をどう習慣化していくかがポイントになります。子どものよきライフコーディネーターとして、食育がどう定着したのか、チェックしてみましょう。

実践 食育チェックリスト（家庭用）

次のリストの中で、当てはまる□に、○をつけましょう。子どもといっしょに取り組んでみてください。

	はい	いいえ	前から
①食事は毎日、決まった時間に食べるようになった。	□	□	□
②よくかんで、味わって食べるようになった。	□	□	□
③バランスよく、何でも食べるようになった。	□	□	□
④旬の食材を選んで食べるようになった。	□	□	□
⑤1日1食は、家族そろって食べるようになった。	□	□	□
⑥食卓でのルールやマナーを守り、和やかな雰囲気の中で食べるようになった。	□	□	□
⑦はしや食器を正しく持って食べるようになった。	□	□	□
⑧食事の準備や後かたづけを手伝うようになった。	□	□	□
⑨食事作りを手伝うようになった。	□	□	□
⑩自分で献立を立てたり、料理をして食べるようになった。	□	□	□
⑪行事と食事の関係を理解し、食べるようになった。	□	□	□
⑫おふくろの味を理解し、食べるようになった。	□	□	□
⑬五感を使って食べ、おいしさや楽しさを表現して食べるようになった。	□	□	□

※【3月の食育だより】…このグレー部分を切り落とし、貼り合わせて約121％拡大するとB4判用紙の大きさになります。

II-3 いつでも使える食育だより囲みネタ

ここでは、各テーマにそった内容を、おたよりの囲みネタにしています。P.86～109の食育だよりのネタと差し替えるなどして、活用しましょう。

テーマ

①味わうってどんなこと?

味わうってどんなこと?

舌にある味らいの味細胞に、味物質が触れて起こる感覚を「味覚」といいます。

味覚には、甘味・塩味・酸味・苦味・旨味の五原味があります。

生後初めて接するのが、母乳(乳糖)の甘味です。味覚の中でも甘味と旨味は、生まれながらにして本能的に好む味だといわれています。

それに対して、他の味は学習して覚える味で、味覚学習を必要とします。学習の条件によっては、「味つけの好み」や「好き嫌い(嗜好)」が生まれ、生涯の健康を左右してしまいます。

- -

味わい学習をするには

離乳期や、特に幼児期・児童期が最適な時期であることはいうまでもありません。まずは、

★濃い味のものを控える
★素材の持ち味を生かしたうす味の食事にする

ことから始めましょう!

かむことと味わうこと

かむことは、消化酵素を含む唾液の分泌を促します。味は、水分に溶ける物質によって感じるものなので、唾液の分泌は食品の味を、よりよく感じさせてくれます。

しかし、濃い味つけのものは、口の中でよくかまなくても、味を感じることができるので、すぐに飲み込んでしまいます。

そこで、うす味のものを、よくかんで味わえば、素材の味をおいしく感じるというわけです。

かむことは、味わい学習上、欠かせません!

実りの秋は野山の幸が山盛り！

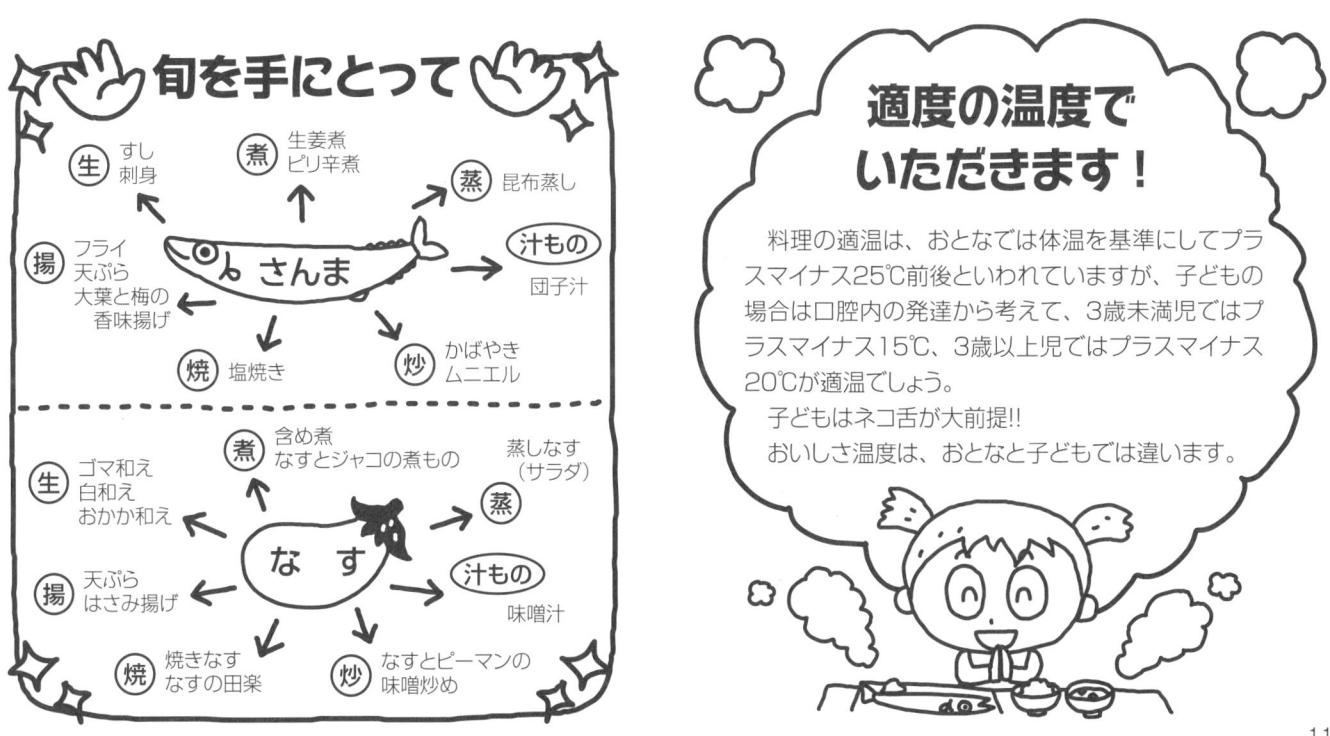

自然の味や香り、色を生かしたうす味で、おいしく味わう「味わい学習」をしてみましょう。

チャレンジその1
★新鮮な食材や旬の素材を選ぶ

チャレンジその2
★アクセントをつけた持ち味献立で

チャレンジその3
★本格だしで旨味にこる

チャレンジその4
焼いて煮る
炒めて煮る
揚げて煮る

チャレンジその5
★下味はうすくしあげに味つけを！
かけじょうゆからつけじょうゆへ

チャレンジその6
★香味野菜の活用
(しそ・ゆず・パセリ・ごま・ピーナッツ・とろろこんぶ)

チャレンジその7
★酸味をうまく利用して

調味料に頼らず、今こそ挑戦！
うす味クッキング！
〜食材の持ち味を生かして〜

旬を手にとって

さんま
- (生) すし・刺身
- (煮) 生姜煮・ピリ辛煮
- (蒸) 昆布蒸し
- (汁もの) 団子汁
- (揚) フライ・天ぷら・大葉と梅の香味揚げ
- (焼) 塩焼き
- (炒) かばやき・ムニエル

なす
- (生) ゴマ和え・白和え・おかか和え
- (煮) 含め煮・なすとジャコの煮もの
- (蒸) 蒸しなす(サラダ)
- (汁もの) 味噌汁
- (揚) 天ぷら・はさみ揚げ
- (焼) 焼きなす・なすの田楽
- (炒) なすとピーマンの味噌炒め

適度の温度でいただきます！

料理の適温は、おとなでは体温を基準にしてプラスマイナス25℃前後といわれていますが、子どもの場合は口腔内の発達から考えて、3歳未満児ではプラスマイナス15℃、3歳以上児ではプラスマイナス20℃が適温でしょう。

子どもはネコ舌が大前提!!
おいしさ温度は、おとなと子どもでは違います。

II-3 いつでも使える食育だより囲みネタ

🌼 テーマ

②甘味ってなに？

甘味ってなに？

エネルギーの供給源です。甘味成分は、体内ですばやく吸収されるため、脳や体をすぐにリフレッシュさせてくれる味です。
しかし、とりすぎると…

コワ～イ！

★虫歯、肥満、糖尿病になる
（糖の摂りすぎによる病気の例）

★ビタミンB1やB2が不足する

疲れやすくなるなどの影響が…！

摂取量には、十分に注意が必要です。
とりすぎには注意しましょう。

なぜおやつを食べるの？

★子どものおやつは、食事の一部です
★子どもに楽しみや満足感を与え、情緒の安定と水分補給を図ります
だからこそ、おやつの質や量、与え方には十分な配慮が必要です。

おやつの組み合わせ例

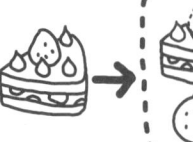

例えば…
ケーキを3分の1にして、ミカンと牛乳をプラス！

例えば…
ポテトチップスの量を減らして、ブドウと牛乳をプラス！

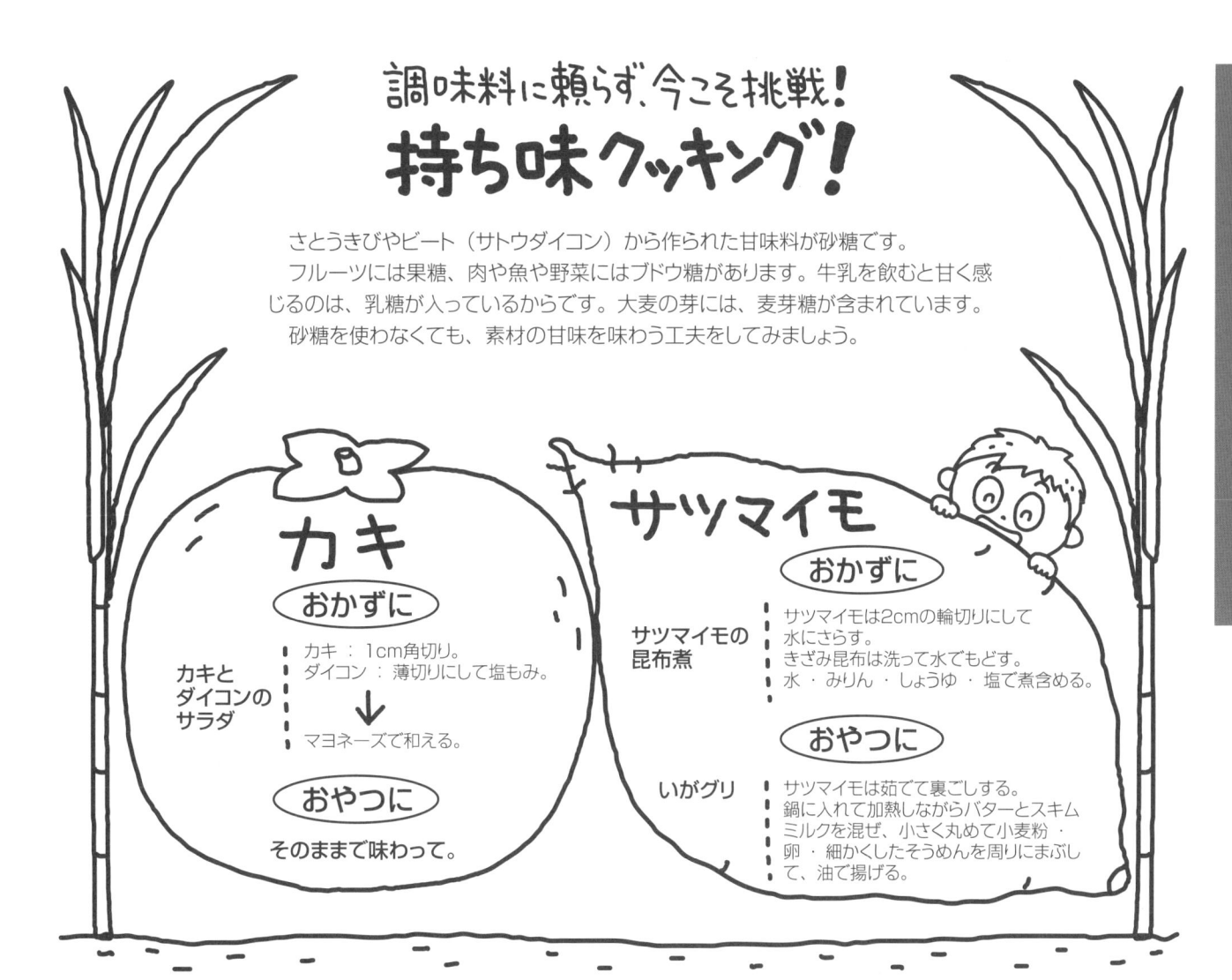

調味料に頼らず、今こそ挑戦！
持ち味クッキング！

さとうきびやビート（サトウダイコン）から作られた甘味料が砂糖です。フルーツには果糖、肉や魚や野菜にはブドウ糖があります。牛乳を飲むと甘く感じるのは、乳糖が入っているからです。大麦の芽には、麦芽糖が含まれています。

砂糖を使わなくても、素材の甘味を味わう工夫をしてみましょう。

カキ

おかずに
カキとダイコンのサラダ
- カキ：1cm角切り。
- ダイコン：薄切りにして塩もみ。
→ マヨネーズで和える。

おやつに
そのままで味わって。

サツマイモ

おかずに
サツマイモの昆布煮
サツマイモは2cmの輪切りにして水にさらす。
きざみ昆布は洗って水でもどす。
水・みりん・しょうゆ・塩で煮含める。

おやつに
いがグリ
サツマイモは茹でて裏ごしする。
鍋に入れて加熱しながらバターとスキムミルクを混ぜ、小さく丸めて小麦粉・卵・細かくしたそうめんを周りにまぶして、油で揚げる。

甘味の作用

甘味は、酸味や苦味を和らげる作用があります。砂糖の多い味付けは、子どもの満足感を高めてしまうため、味覚発達上、問題です。

「大さじ1杯」とは

- さとう 9グラム
- みりん 18グラム

だいたいの量を知っておきましょう！

ワンポイント・クッキング

①調味の順は…
- さ（砂糖）
- し（塩）
- す（酢）
- せ（しょうゆ）
- そ（味噌）

②煮豆のときは、砂糖を徐々に加えると、軟らかく煮えます。

③ケーキ作りには、グラニュー糖を。

④グラニュー糖は肉を軟らかくします。

II-3 いつでも使える 食育だより囲みネタ

テーマ

③塩味ってなに?

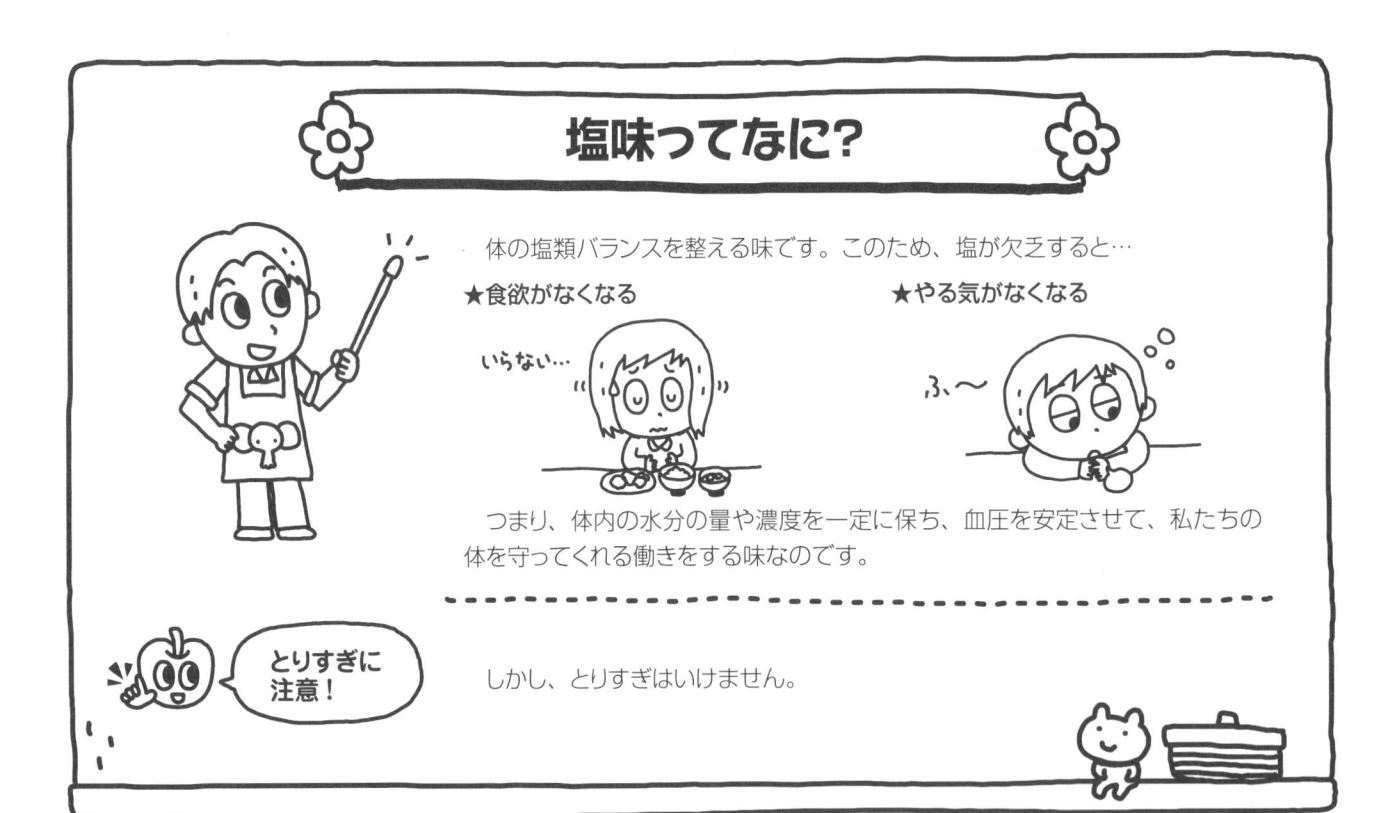

塩味ってなに?

体の塩類バランスを整える味です。このため、塩が欠乏すると…

★食欲がなくなる　　　　　　★やる気がなくなる

いらない…　　　　　　　　　ふ〜

つまり、体内の水分の量や濃度を一定に保ち、血圧を安定させて、私たちの体を守ってくれる働きをする味なのです。

とりすぎに注意！

しかし、とりすぎはいけません。

とりすぎると、なぜ コワ〜イ? 塩味

①塩味に対する慣れは早くからでき、一生続くからです。
②離乳期からの食習慣で、どんどんエスカレートしていく味だからです。
そして…
③塩のとりすぎにより、高血圧・動脈硬化・脳卒中・心筋こうそくの引き金になってしまうからです。

ウヒヒ…

こんなに含まれている塩（あくまでおおよその目安です）

味付けだけでなく、食品や調味料に含まれている塩にも気をつけましょう！

- カップラーメン 4〜6グラム
- 塩ざけ 5グラム
- たらこ 4グラム
- 即席味噌汁 2グラム
- たくあん 2グラム 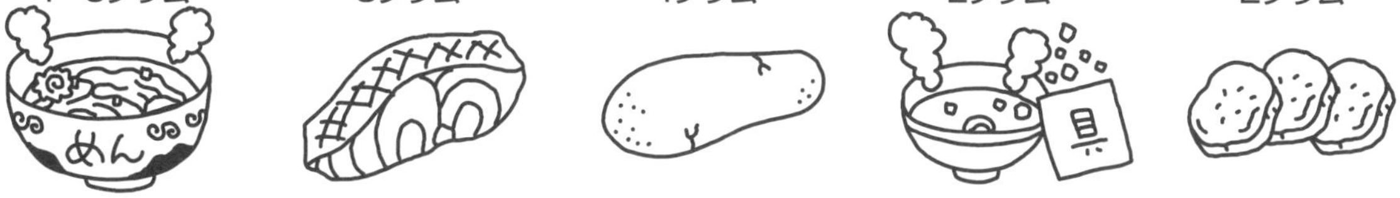
- ハンバーガー 1.9グラム
- 梅干し 2.1グラム
- あじのひらき 1.7グラム
- 食パン1枚 0.8グラム
- ハム1枚 0.6グラム

調味料に含まれる塩の量（おおさじ1杯）

- 塩 15.0グラム
- しょうゆ 3.0グラム
- ソース 1.2〜1.8グラム
- 味噌 1.0〜2.0グラム
- ケチャップ 0.5グラム

冬至とカボチャ

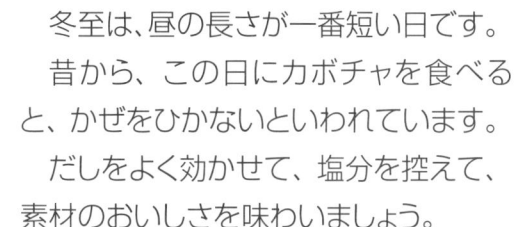

冬至は、昼の長さが一番短い日です。

昔から、この日にカボチャを食べると、かぜをひかないといわれています。

だしをよく効かせて、塩分を控えて、素材のおいしさを味わいましょう。

ワンポイント・クッキング

①湯豆腐のとき、湯の中に塩を入れておくと、豆腐を長時間煮ても硬くならない。

②ひき肉・すり身の中に塩を少し加えると、なめらかになる。

③生魚を、塩を振ってから冷凍すると、パサつかないで解凍後もおいしい。

④魚を焼く直前に塩を振ると、生臭さがとれておいしい。

⑤皮をむいたリンゴなどの変色を防ぐ。

Ⅱ-3 いつでも使える食育だより囲みネタ…③

II-3 いつでも使える食育だより囲みネタ

テーマ

④旨味ってなに？

旨味ってなに？

だしの味です。グルタミン酸やイノシン酸といったタンパク質の一種で、大切な栄養素を知らせる味です。つまり、旨味はタンパク質要求の味なのです。

しかし、使いすぎると… **コワ～イ！**

★旨味調味料には、塩味を丸め、塩辛さを和らげる働きがある

★素材の持味が薄れ、味覚の形成や嗜好の発達に影響を及ぼす

塩味 旨味 → そのため →

だからこそ、旨味調味料をたくさん使っている加工食品やお菓子の選び方、与え方には、十分な注意が必要です。

食品表示を知ろう！

加工食品をよく味わってみると、甘いか塩辛いかです。化学調味料の味だけですから、限られた味ばかりを味わっていることになります。

品名：風味調味料
原材料名：○○○○・○○○○・○○○○・調味料（アミノ酸等）・

名称：スナック菓子
原材料名：○○○○・○○○○・○○○○・調味料（アミノ酸等）・○○○○・○○○○

天然だしの旨味に凝ってみましょう

手軽で簡単な化学調味料があふれているこの時代。だからこそ……天然だしの旨味にも凝ってみたいものです。

昆布（グルタミン酸）
①昆布を30分、水に浸す。
②火をつけ、沸騰直前に取り出す。

かつお節（イノシン酸）
①沸騰直前にかつお節を入れる。
②30秒煮立てた後、こす。

すまし汁を作るときは、昆布とかつお節の両方を使うと、旨味たっぷりのだしが取れます。

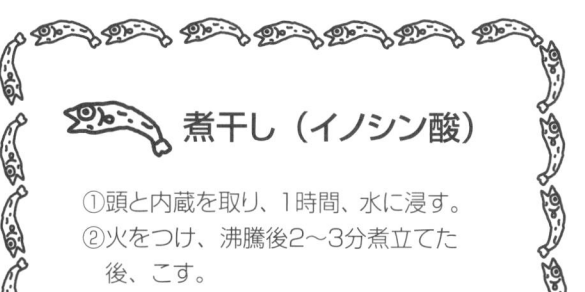

煮干し（イノシン酸）
①頭と内蔵を取り、1時間、水に浸す。
②火をつけ、沸騰後2～3分煮立てた後、こす。

貝類（コハク酸）
①水から入れ、沸騰後2～3分煮立てる。
②アクを取る。

だしを使って七草がゆ

1月7日

昔から1月7日に七草がゆを食べると、無病息災で1年間を過ごせるという言い伝えがあります。年末年始の疲れた胃腸を休ませるための知恵だともいわれています。

家族の健康を願って、素材やだしの持ち味を生かした七草がゆを作ってみてはいかがでしょう。

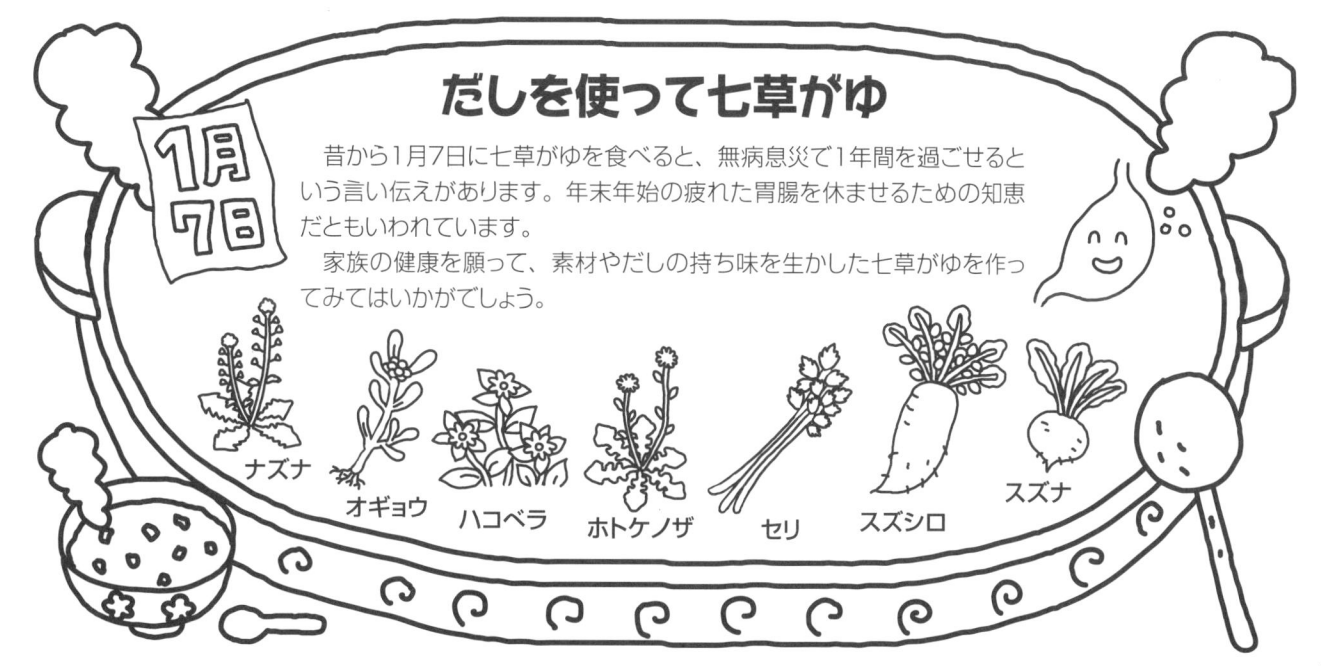

ナズナ　オギョウ　ハコベラ　ホトケノザ　セリ　スズシロ　スズナ

II-3 いつでも使える食育だより囲みネタ

テーマ

⑤酸味ってなに?

酸味ってなに?

大人になっても、酸味は苦手だという人がいます。
酸味は、苦味や辛味と同様に、幼児期に味覚のトレーニングをしないと、なかなかなじめない味です。
それはなぜでしょうか?

★食べ物が腐っていることを警告する、シグナルの味だから

また、それとは別に…

★からだがエネルギーをたくさん欲しがっているときに、代謝を活発にする味でもある

この味わいの違いは、酸味成分の違いによるものです。
だからこそ、子ども時代からの酸味トレーニングが必要なのです。

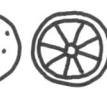

朝食に柑橘類を加えましょう

1日のエネルギー源である朝食に、ぜひ柑橘類を加えて、パワーアップを図りましょう!
私たちのからだにはクエン酸回路といって、体の中に取り込んだ栄養をうまく代謝させ、エネルギーを作りだす仕組みが備わっています。
柑橘類の酸味はクエン酸によるものです。

実践！ 酸味トレーニング

酸味は甘味とくっついて甘酸っぱい味になると、子どもの好きな味になります。離乳期から、果物やヨーグルトを与えて、子どもの味覚学習に心がけましょう。

★プレーンヨーグルトを使って
だんだん砂糖を減らす
砂糖

★酸味のある食品を利用して
（例）なます
魚の甘酢あんかけ
鶏肉のトマト煮

★豆乳ヨーグルトをもとにして
夏 そのままで
冬 温めて

★野菜に酸味をからませて
（例）マリネ

★野菜を酸味にしみ込ませて
（例）ピクルス

いろいろな種類の酢

食酢の酸っぱさは、酢酸によるものです。酢にはいろいろな種類がありますが、ふだん、お料理によく使われるのは…

① 醸造酢のリンゴ酢やワイン酢は、原料の香りが強く、サラダにとても合います。
② 米酢や穀物酢は、魚や貝など和風の酢のものによく合います。

これらの酢にレモン汁を加えると、クセが消え、まろやかな味になります。

酸味は少しの量でも強い働きを示し、食べ物にさわやかさを与え、味覚を刺激して食欲を増進させてくれます。

ワンポイント・クッキング

酢の効用

① 殺菌力が強い（酢づけ）
② タンパク質を凝固させる（魚の酢じめ）
③ 塩の味を和らげる
④ 野菜・果物の褐変を防止する（レンコンの酢煮）

II-3 いつでも使える食育だより囲みネタ…⑤

II-3 いつでも使える食育だより囲みネタ

テーマ

⑥味を学ぶってどんなこと？

味を学ぶってどんなこと？

味覚学習は、離乳期から十代後半までが可能な時期ですが、特に乳幼児期の初期体験・初期学習が重要なカギとなります。

つまり、いろいろな味を好んで受け入れるようになるためには、経験、知識、意欲といった脳の発達が必要になってくるのです。

素材に触れ、色・形・においの感触を受け止めて、味覚の体験学習を繰り返し、脳を刺激して感じさせることは、味覚の幅を広げるためにも欠かせません。

でもなぜする？好き嫌い

人は生まれつき、おいしい・まずいを区別する能力を持っています。外からの刺激を受け取り、それに反応するとき

★認知要素（どんな味か？　など、味の質や味の強さにかかわるもの）
★情動要素（自分にとって快か不快か、避けるべき味か否か）

が基盤となり、触覚・味覚・臭覚と組み合わされて、（パサパサして食べにくい、苦くて嫌だ　など）学習し、記憶されて発生するのです。

舌が感じる味の成分

塩辛い。甘い。酸っぱい。苦い。味にはいろいろありますが、子どもたちと、味ごとに思い浮かべる食べ物を出し合ってみましょう。

またそれぞれの味のとき、舌はどんな感覚になるのか、意見を交換してみるのも、おもしろいでしょう。

塩味　酸味　甘味　苦味

味覚発達カレンダー

　味覚の幅を広げるためにも、離乳期から幼児期・児童期にかけて、子どもの発達に見合った味覚学習の条件づくりが大事です。
　どんなときに、どんな食べ物に、どんな形で出会わせるのかを大切にしたいですね。

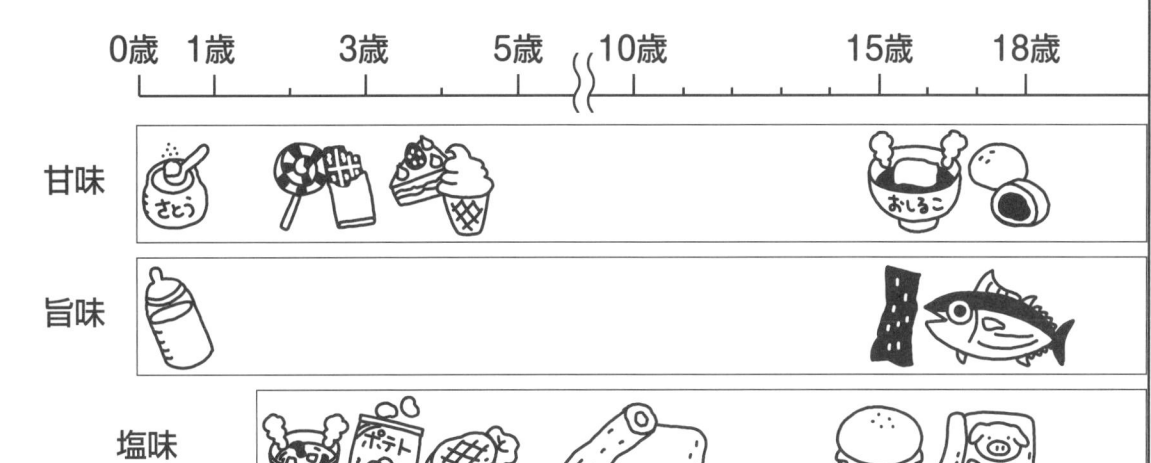

0歳　1歳　　3歳　　5歳　　10歳　　　15歳　　18歳

- 甘味
- 旨味
- 塩味
- 酸味と甘味

※表中の食品（イラスト）は、乳幼児期に、特に、与え方や出会わせ方に注意したいものです。乳幼児期以降は、発達とともに、そのもののよさや味がわかってくる食品と、とらえてください。

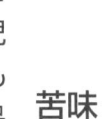

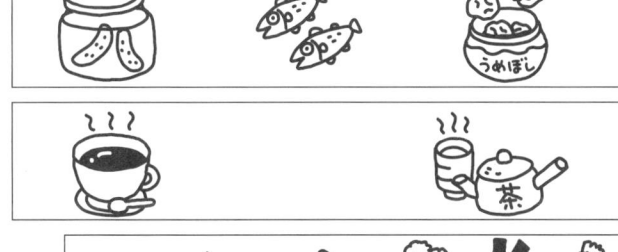

- 酸味
- 苦味
- 臭み
- 辛味

Ⅱ-3　いつでも使える食育だより囲みネタ…⑥

←約113％拡大するとB5判の用紙になります。コピーをして活用しましょう。

II-4 保育で使える食育ネタ

子どもといっしょに食育を学びたいときのネタを12か月分紹介します。ことばがけの例を参考にしながら、食育を楽しく学びましょう。

4月… 心と体を育てる食事作り

4月の食育…導入のことばがけ

料理ができあがるとき、おいしそうなにおいがしてきて、「ご飯を早く食べたいな」って、思いませんか？ おなかがペコペコ、体がフラフラしていませんか？ 食べることは、人の心と体を作ります。

おうちでは、お母さんや家族の人が、何を、どんなふうに料理をして、食事を作ってくれているのでしょう？

やってみよう① どんな音がする？ 台所探検隊！

おうちの人がご飯を作るとき、台所からどんな音がするかな？

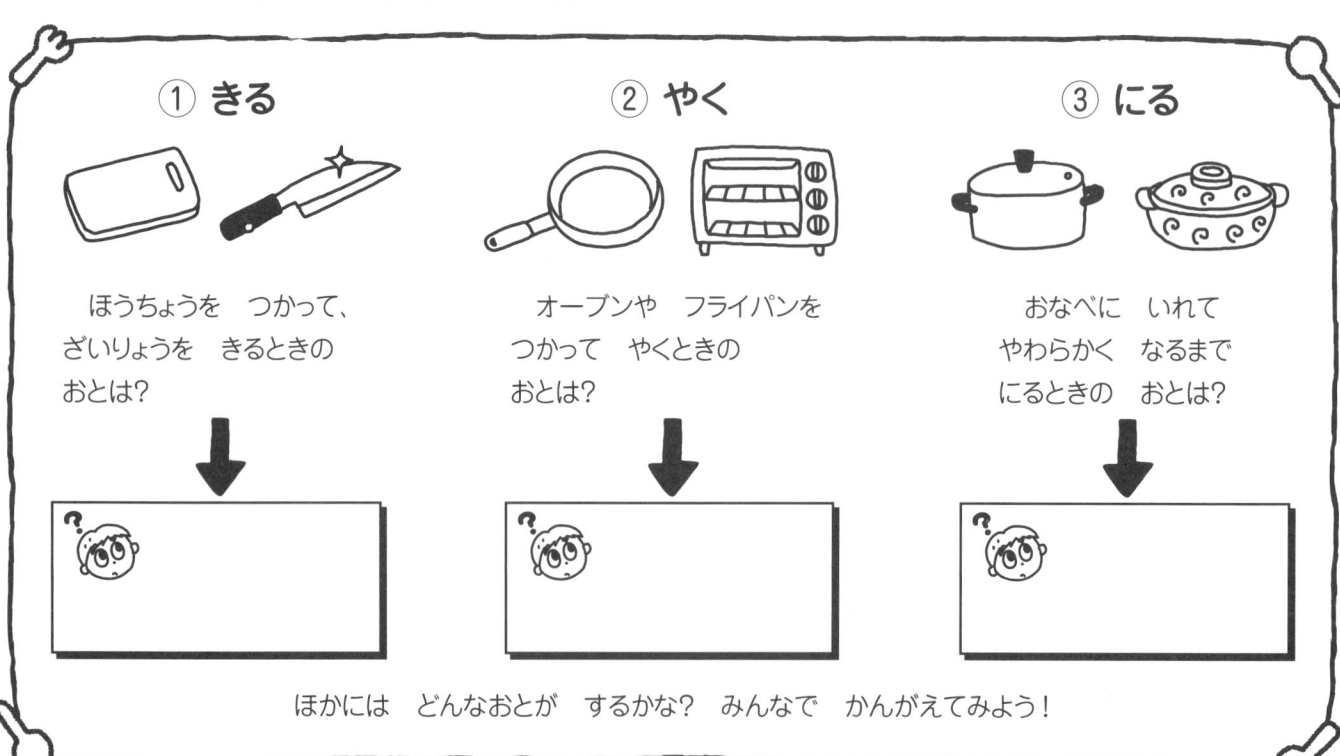

① きる
ほうちょうを つかって、ざいりょうを きるときの おとは？

② やく
オーブンや フライパンを つかって やくときの おとは？

③ にる
おなべに いれて やわらかく なるまで にるときの おとは？

ほかには どんなおとが するかな？ みんなで かんがえてみよう！

【解答例】①トントン　②ジュージュー　③グツグツ

やってみよう❷ 卵が変身！どうなった？

混ぜたり、焼いたり、ゆでたりすると、卵がいろいろな料理に変身するよ。何になったか当ててみよう。

たまごが へんし〜ん！ なにに なったかな？

① わって やいたら…？

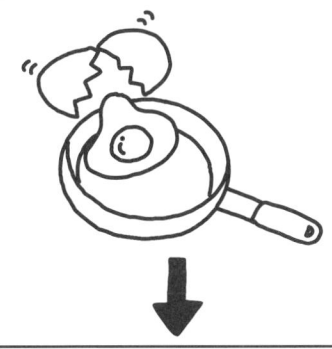

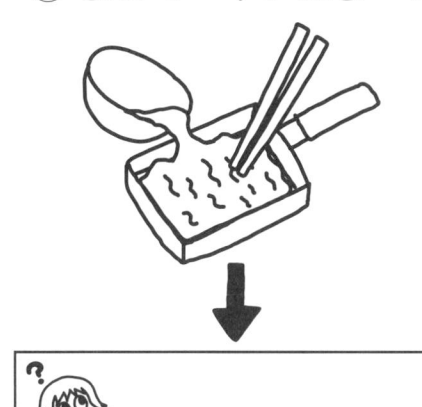

② まぜて やいたら…？

③ ごはんを まいたら…？

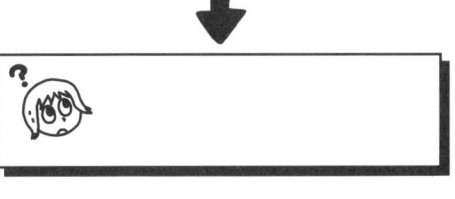

④ おゆで ゆでたら…？

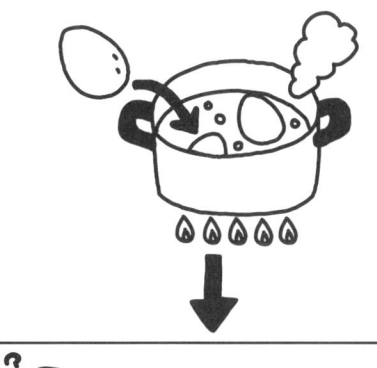

【答え】①目玉焼き　②玉子焼き　③オムライス　④ゆで卵

II-4 保育で使える食育ネタ

5月… よくかんで食べる

5月の食育…導入のことばがけ

みんな、ご飯を食べるとき、どのくらいかんでいますか?
よくかめばかむほど、食べ物はみんなを元気にしてくれます。いっぱいかんで、食べ物の味をしっかりと味わってみましょう。

やってみよう❶ かんだら、どんな音がした?

食べ物をかむ音は、いろいろと違いがあるね。かんだら、どんな音がするかな?

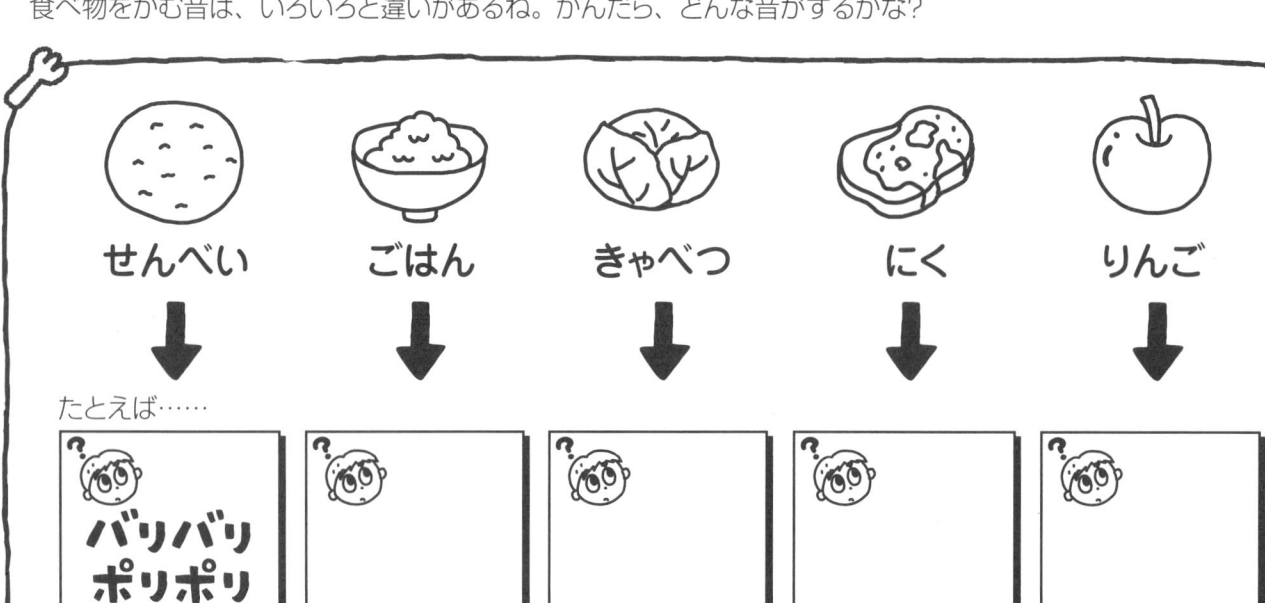

せんべい	ごはん	きゃべつ	にく	りんご
たとえば…… バリバリ ポリポリ				

かんだおとをくらべてみよう

① かたい ものと、やわらかい ものは、どうちがう?
② あつい ものと、うすい ものは、どうちがう?
③ なまの ものと、ひを とおした ものは、どうちがう?

やってみよう❷ よくかむと、味が変身！！

食べ物は、かめばかむほど、味が変身するよ。
①何回かんだら味が変身するかな？
②変身したら、どんな味になったかな？

へんし〜ん！

	たべものの なまえ	もとの あじ	かんだ かいすう	へんしんした あじ
1	ごはん		かい	
2	にんじん		かい	
3	だいこん		かい	
4	きゃべつ		かい	
5	にく		かい	

Ⅱ-4 保育で使える食育ネタ…5月

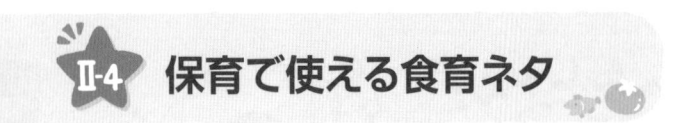

II-4 保育で使える食育ネタ

6月… 何でも食べる

6月の食育…導入のことばがけ

みんなは、好き嫌いをせずに、毎日、ご飯を食べていますか？
1日3回、決まった時間に、好き嫌いをせずに何でも食べると、心は元気に、体は健康になって、いっぱい遊ぶことができます。

つたえよう！ バランスのよい食事をしよう！

3つのお皿からバランスよくとることが、元気の秘訣(ひけつ)！
「緑のお皿」から2品、「赤のお皿」から1品、「黄のお皿」から1品とりましょう。

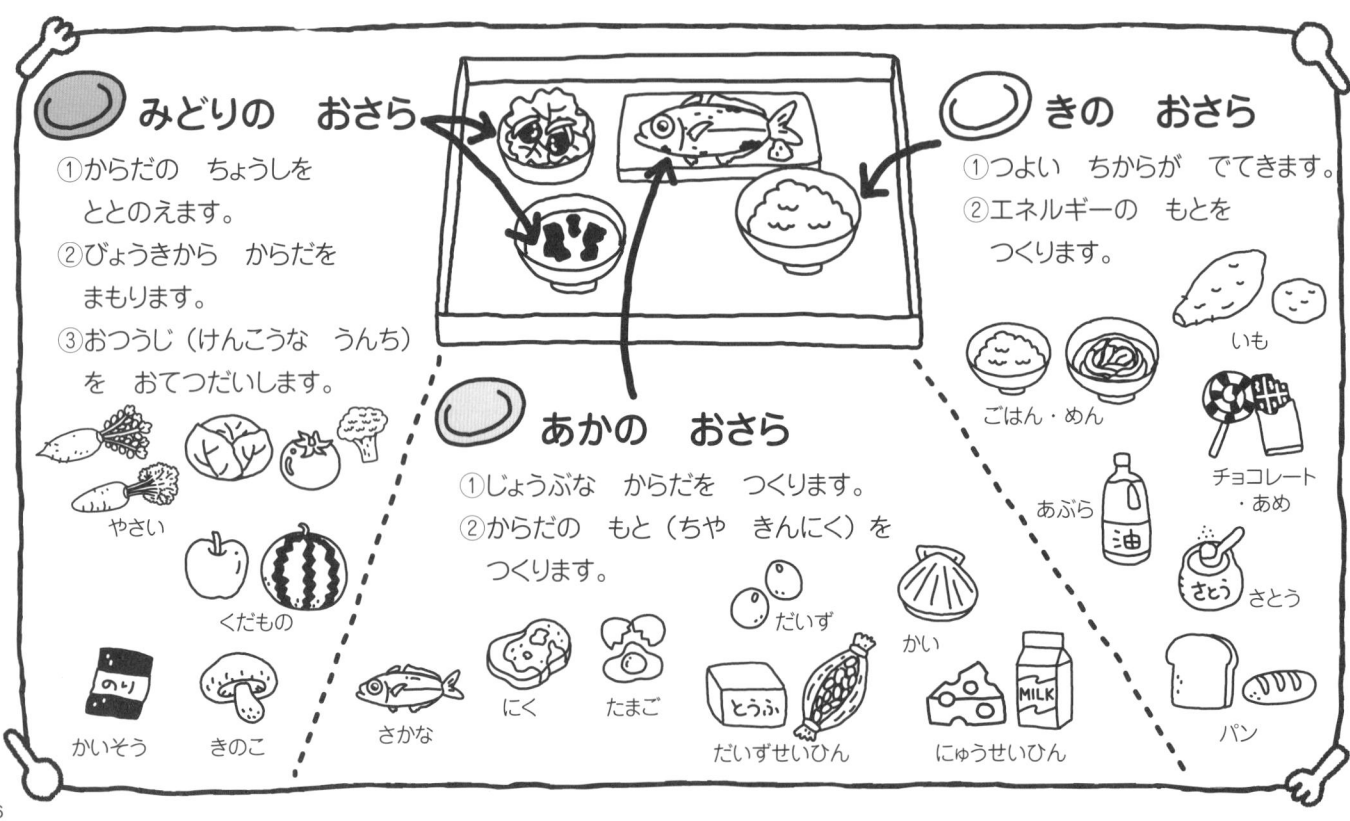

みどりの おさら
① からだの ちょうしを ととのえます。
② びょうきから からだを まもります。
③ おつうじ（けんこうな うんち）を おてつだいします。

やさい／くだもの／かいそう／きのこ

あかの おさら
① じょうぶな からだを つくります。
② からだの もと（ちや きんにく）を つくります。

さかな／にく／たまご／だいず／かい／とうふ／だいずせいひん／にゅうせいひん

きの おさら
① つよい ちからが でてきます。
② エネルギーの もとを つくります。

ごはん・めん／いも／あぶら／チョコレート・あめ／さとう／パン

やってみよう！ 仲間と違うもの、どーれ？

3つのお皿に仲間分けされた食べ物が乗っているよ。だけど、ひとつだけ、違う仲間の食べ物が迷い込んでいるんだ。

食べ物の名前を当てて、仲間と違う食べ物を見つけよう！

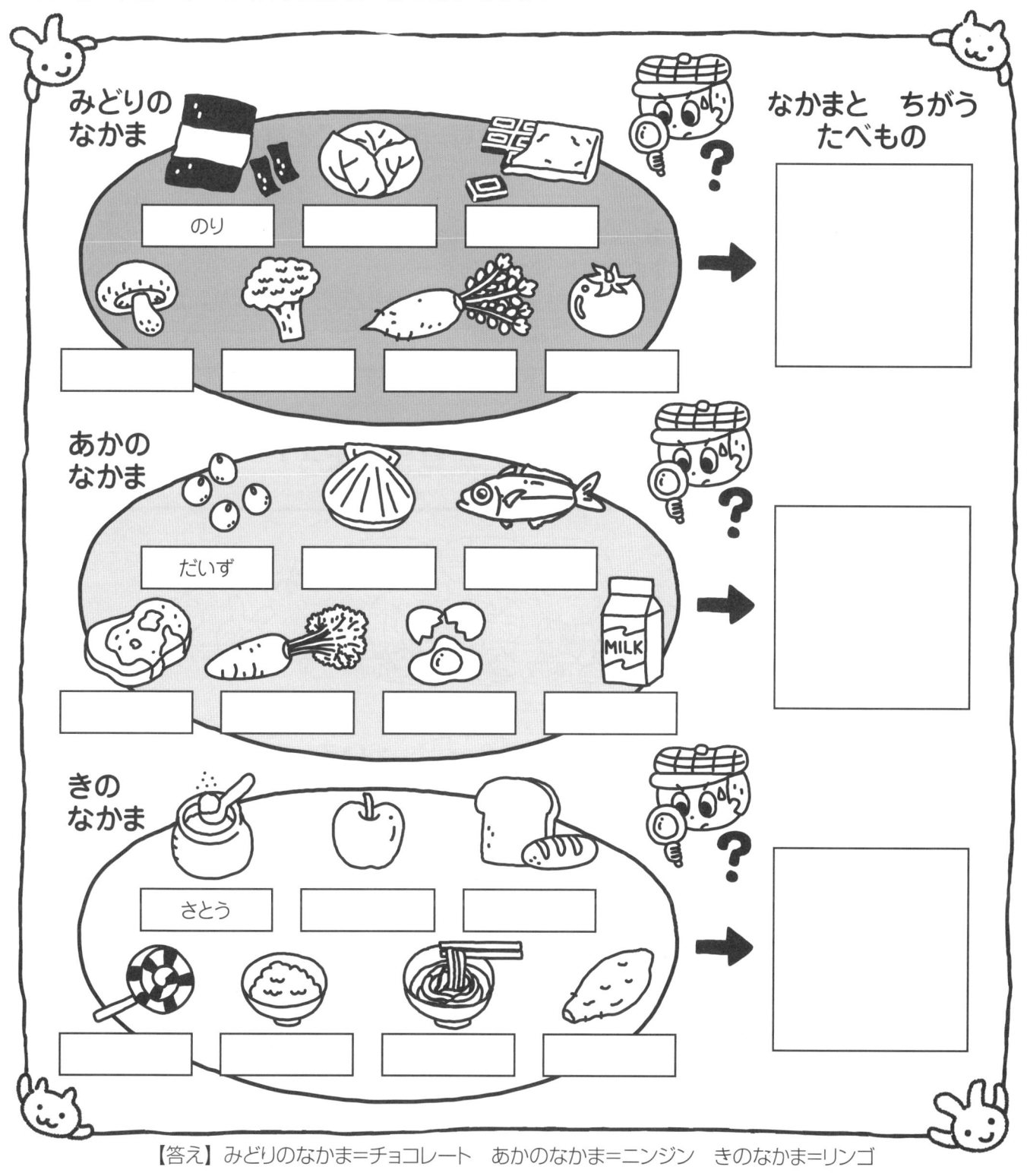

みどりのなかま / のり

なかまと ちがう たべもの

あかのなかま / だいず

きのなかま / さとう

【答え】みどりのなかま＝チョコレート　あかのなかま＝ニンジン　きのなかま＝リンゴ

Ⅱ-4 保育で使える食育ネタ…6月

Ⅱ-4 保育で使える食育ネタ

7月… みんなと食べる

7月の食育…導入のことばがけ

食事の時間は、待ち遠しいですか?
食事の時間は、楽しみですか?
おうちでも園でも、みんなで食べるとご飯がもっとおいしくなりますね!

つたえよう! いっしょに食べて楽しいことを見つけよう!

① たのしい おしゃべりは おいしさ にばい!

② いろいろな たべものに チャレンジ!

③ おともだちと いっしょに たべると しょくよく もりもり!

やってみよう！ 「しょくじにっき」をつけてみよう！

毎日、楽しくいっぱいご飯を食べているかな？　どこで、だれと食べたときがおいしかったかな？　「しょくじにっき」をつけて、チェックしてみましょう！

しょくじにっき

＿＿がつ ＿＿にち ＿＿ようび　［てんき］

なまえ＿＿＿＿＿＿＿＿

☀ あさごはん

○じかん

○ばしょ＿＿＿＿＿＿＿＿

○いっしょに　たべた　ひと

＿＿＿＿＿＿＿＿

○たべた　もの

○かんそう

🍙 ひるごはん

○じかん

○ばしょ＿＿＿＿＿＿＿＿

○いっしょに　たべた　ひと

＿＿＿＿＿＿＿＿

○たべた　もの

○かんそう

⭐ よるごはん

○じかん

○ばしょ＿＿＿＿＿＿＿＿

○いっしょに　たべた　ひと

＿＿＿＿＿＿＿＿

○たべた　もの

○かんそう

Ⅱ-4　保育で使える食育ネタ…7月

II-4 保育で使える食育ネタ

8月… 食材を選んで食べる

8月の食育…導入のことばがけ

お店やスーパーマーケットの売り場には、食事作りに欠かせない新鮮なお肉や魚、野菜がたくさんあります。
その中でも、いちばんおいしくて栄養たっぷりの時期を、その食材の「旬（しゅん）」といいます。

つたえよう！ 旬の魚、どう食べたらおいしい？

魚は、こんな料理で食べてみましょう。

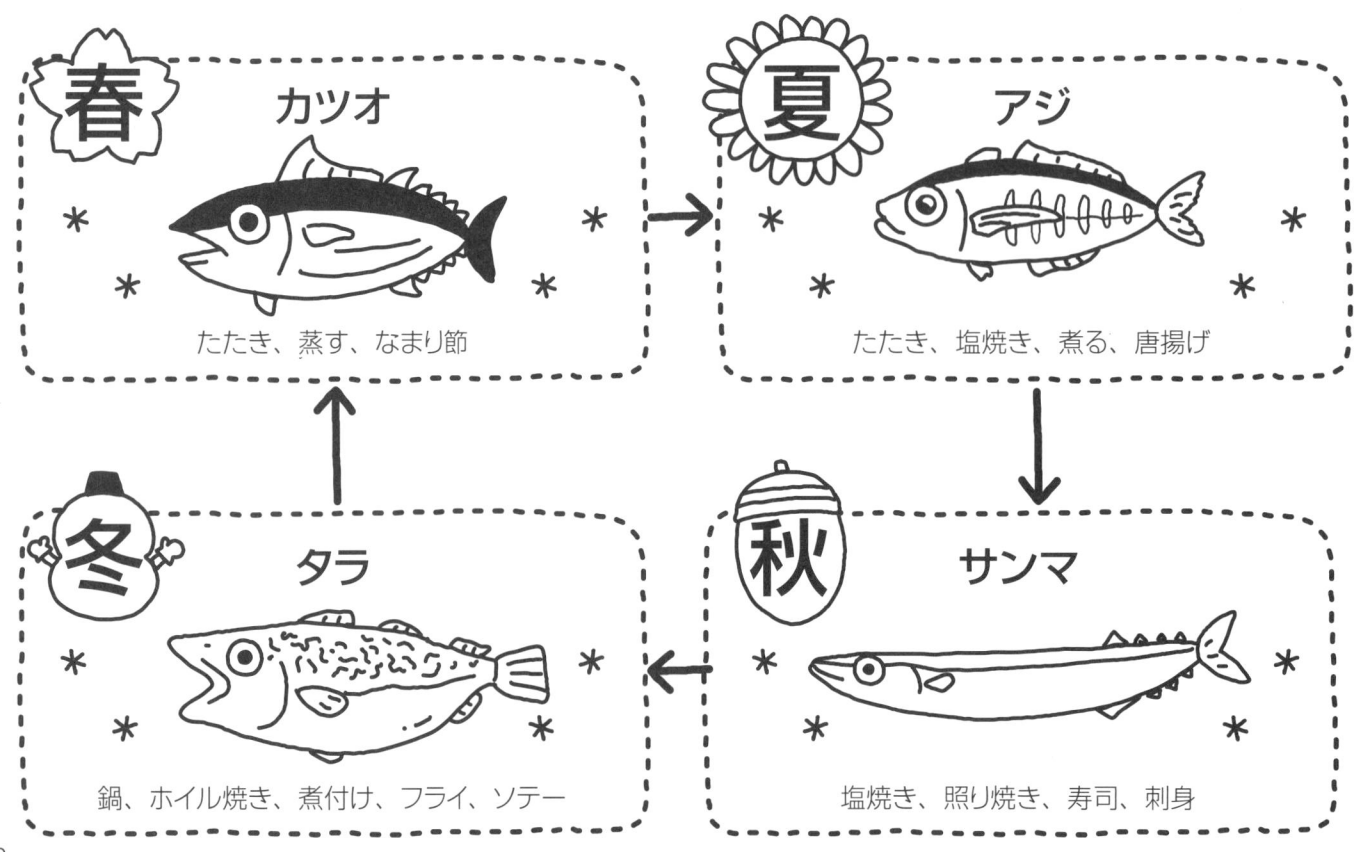

春 カツオ
たたき、蒸す、なまり節

夏 アジ
たたき、塩焼き、煮る、唐揚げ

秋 サンマ
塩焼き、照り焼き、寿司、刺身

冬 タラ
鍋、ホイル焼き、煮付け、フライ、ソテー

やってみよう！ 旬の野菜を選んで食べよう！

なんといっても、今がいちばんおいしい「旬」。選んで、食べて、元気になろう！
旬の野菜の名前、いくつわかるかな？

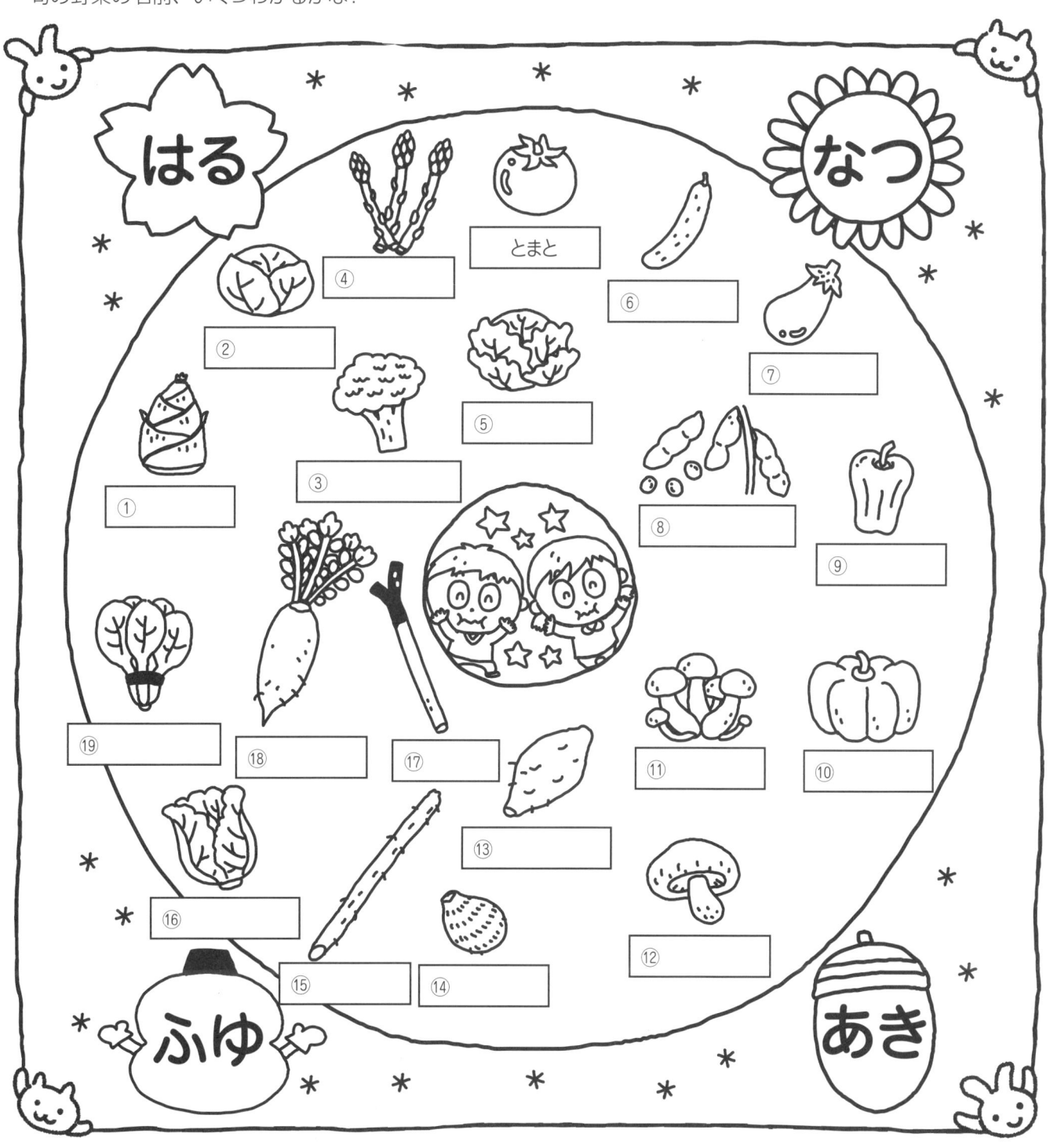

はる／なつ／あき／ふゆ

⑥ とまと

【答え】①タケノコ　②キャベツ　③ブロッコリー　④アスパラガス　⑤レタス　⑥キュウリ　⑦ナス　⑧サヤエンドウ　⑨ピーマン　⑩カボチャ　⑪シメジ　⑫シイタケ　⑬サツマイモ　⑭サトイモ　⑮ゴボウ　⑯ハクサイ　⑰ネギ　⑱ダイコン　⑲ホウレンソウ

II-4 保育で使える食育ネタ

9月… 作って食べよう

9月の食育…導入のことばがけ

みんなは、お料理を作ったことがありますか?
おうちの人が作ってくれるお料理もおいしいけれど、自分でもおいしいお料理を作って、食べてみましょう。

やってみよう① 作ってみよう！ ご飯でおにぎり

（1）じゅんびをしよう
【どうぐ】しゃもじ、すいはんき、ラップ 【ざいりょう】こめ、しお
※みじたくは だいじょうぶ？ エプロンを つけている？ ては あらった？

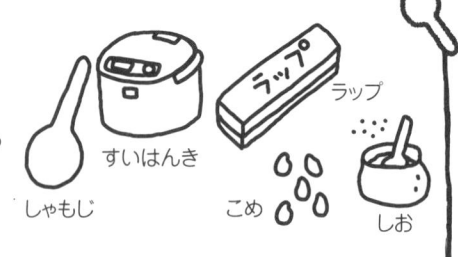

（2）ごはんを たいてみよう
①ザルと ボールを かさねて、はかった こめと みずを いれて、さっと かきまぜよう。みずを きって、てのひらで こめを にぎるように、ギュッギュッと よく あらいます。3～4かい くりかえそう。
②すいはんきに いれて、30ぷん みずに つけよう。
③すいはんきの スイッチを いれよう。ボコボコと、たける おとが きこえて きたかな？
④スイッチがきれても、10ぷんは まっててね。できあがったら、しゃもじで ごはんを フンワリと まぜよう。

（3）おにぎりを にぎってみよう！
①てのひらに ラップを のせて ごはんを おこう。
②てで つつんで、ギュッと にぎろう。

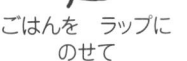

（4）さあ たべよう！
しょくたくの じゅんびが できたら、できたて ほかほかの おにぎりを、「いただきま～す！」

やってみよう② 調理器具のいろいろ ～お名前、なーに？～

台所にある、いろいろな道具。そのお名前がわかるかな？　当ててみよう！

けいりょうスプーン　①　②
③　④　⑤
⑥　⑦　⑧　⑨　⑩　⑪
⑫　⑬　⑭
⑮　⑯　⑰

【答え】①けいりょうカップ　②はかり　③まないた　④ほうちょう　⑤ピーラー　⑥フライがえし　⑦へら　⑧さいばし　⑨おたまじゃくし　⑩ボウル　⑪ざる　⑫かたてなべ　⑬りょうてなべ　⑭むしき　⑮フライパン　⑯ちゅうかなべ　⑰こしき

II-4　保育で使える食育ネタ…9月

II-4 保育で使える食育ネタ

10月… マナーを身につける

10月の食育…導入のことばがけ

「食事マナー」という言葉を知っていますか？　みんなで楽しく、気持ち良く食事をするための「おやくそくごと」のことです。
みんなは「食事マナー」をきちんと守れているかな？

やってみよう❶　どんな食べ方をしていますか？

みんなは守れているかな？　チェックしてみよう！

「はい」なら　○を　しよう

①くちを　とじて、よく　かんでいる。
②くちに　ものが　はいったまま、おしゃべりは　しない。
③ボロボロと　こぼさないで　たべられる。
④たべながら　たちあるかない。
⑤たべている　ときは　テレビを　みない。

「はい」は　1てん。4てんより　おおかったら　よく　できました。

やってみよう② わかるかな？ 食事のお約束

みんなと「気持ち良く、楽しく」食べるための「お約束」とは、どんなことでしょう？

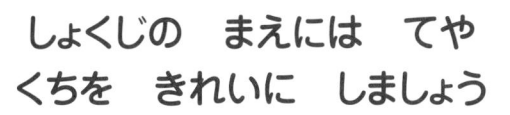

しょくじの まえには てや くちを きれいに しましょう

ては ① □
くちは ② □

で きれいに するよ。

しょっきを ならべましょう

おちゃわんは ③ □
おわんは ④ □

に ならべるよ。

しょくじの あいさつを しましょう

たべる まえは……？ ⑤
たべおわったら……？ ⑥

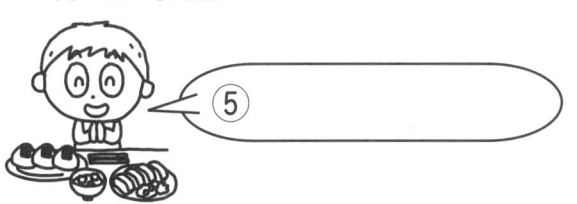

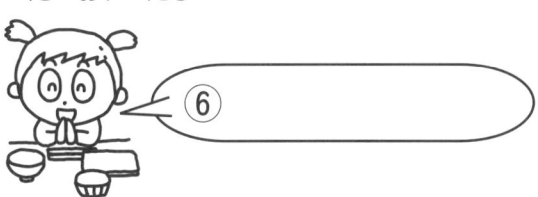

※はみがきも わすれずにね！

しせいを よくして たべましょう

⑦ □ は つかない。  
⑧ □ は ゆかに つける。
⑨ □ は のばす。

【答え】①せっけん ②うがい ③ひだり ④みぎ ⑤いただきます ⑥ごちそうさまでした ⑦ひじ ⑧あし ⑨せなか

Ⅱ-4 保育で使える食育ネタ…10月

II-4 保育で使える食育ネタ

11月… はしづかいを身につける

11月の食育…導入のことばがけ

はしがじょうずに使えるようになると、料理がきれいに食べられます。小学生になるまでに、はしを正しく持てるようになりましょう。

やってみよう① はしの正しい持ち方

みんなははしを正しく持てるかな？　やってみよう。

なかゆび・ひとさしゆび
はさんで うえの はしを うごかす。

はしさきは そろえましょう。

おやゆび
ほかの ゆびと むきあっている。

くすりゆび
したの はしを のせる。うごかさない。

まちがった もちかた

- にぎりばし
- クロスばし
- ひとさしゆびが はしを おさえて いない
- はしさきを にぎる
- はしがしらを にぎる

やってみよう❷ はしの正しい使い方

みんなははしを正しく使えるかな? やってみよう。

はさむ

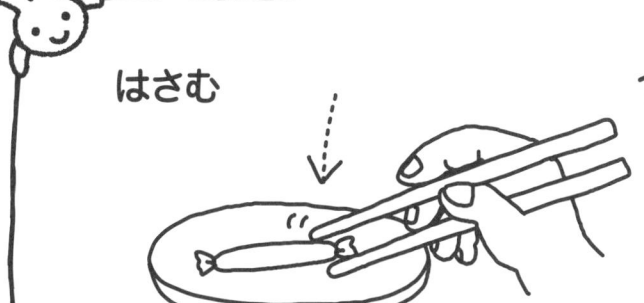

つまむ

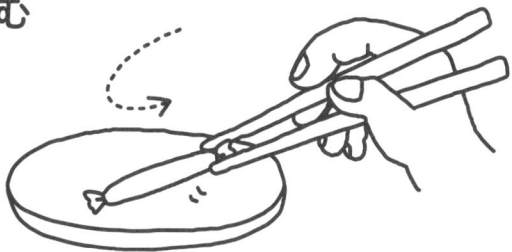

きる

わける

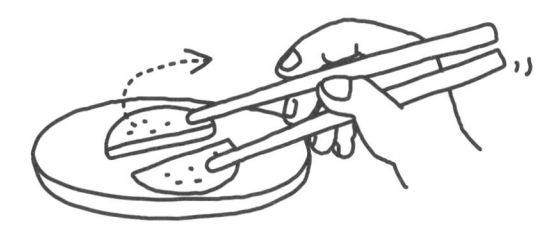

ともだちや まわりの ひとから いやがられる
たべかたを していないかな?

まちがった つかいかた

- さしばし
- ほとけばし 
- よせばし 
- まよいばし 
- さぐりばし 
- ねぶりばし 
- くわえばし 
- ふりばし 
- かきこむ  

Ⅱ-4 保育で使える食育ネタ…11月

II-4 保育で使える食育ネタ

12月… 伝統を学ぶ

12月の食育…導入のことばがけ

日本では昔から、うれしいことがあるときに、餅をついてお祝いするという習慣があります。
特に、お正月は「来年も元気で過ごせますように」という願いを込めて、みんなでお餅をつきます。

やってみよう❶ 知っておこう！ お餅ができるまで

お餅がどうやってできるか、みんなは知っているかな？

（1）ざいりょう

もちごめ
- むして つかう。
- ふつうの おこめより ネバネバしている。

（2）つくりかた

① もちごめを むす。

② むした もちごめを うすに いれる。

③ きねを ふりあげて、ペッタン！ ちからを いれて、ポッタン！ たのしく おもちをつく。

④ うすから だして、のばしたり ちぎったり まるめたりして、かたちを つくる。

⑤ できあがり！ おいしいよ

やってみよう② 日本全国 お雑煮の中身いろいろ

お雑煮は、お正月に食べるお餅と具が入った汁ものです。住んでいるところやおうちによって、餅の形や味つけがいろいろあるよ。みんなのおうちのお雑煮は、どんな具が入っているかな？

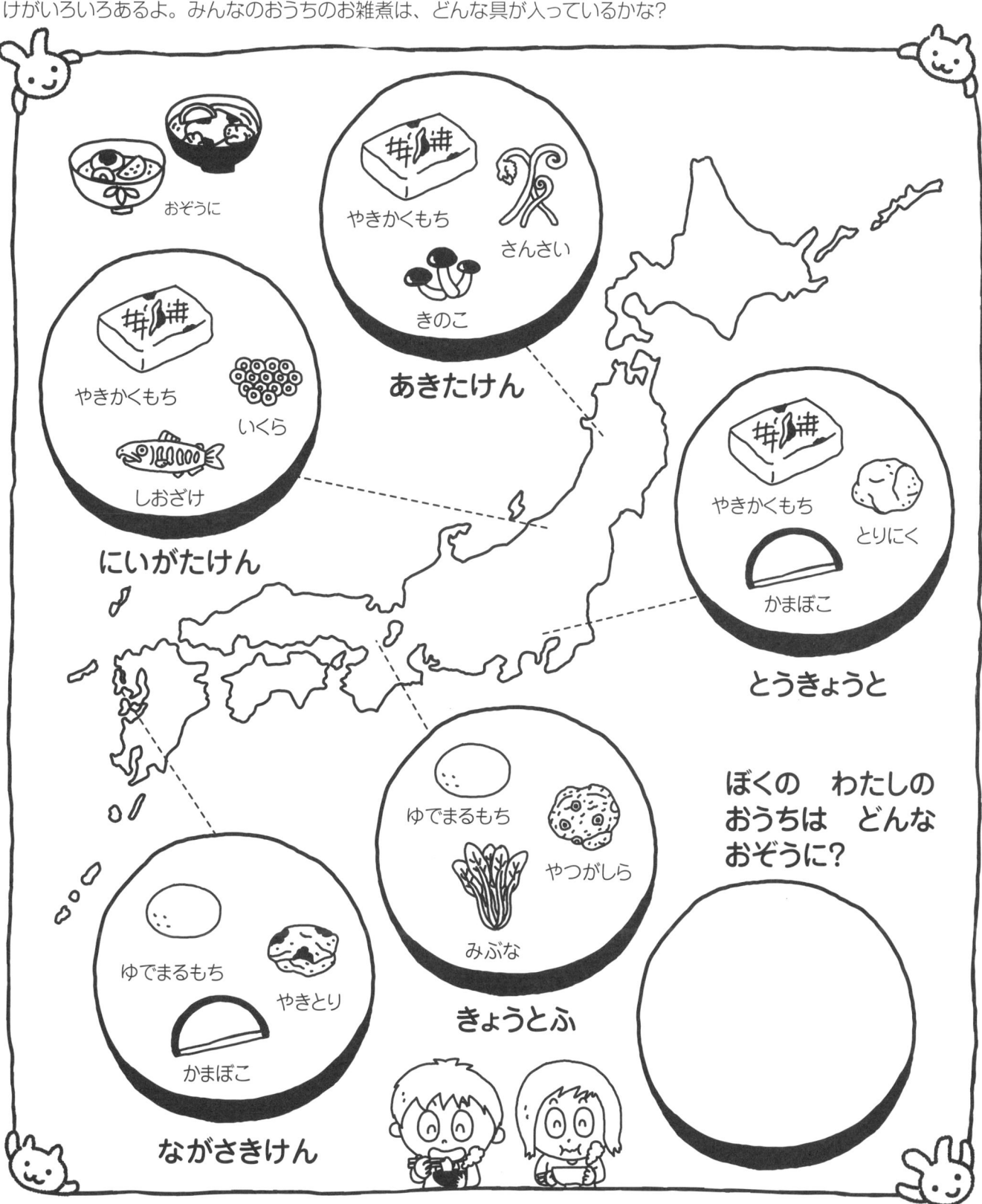

おぞうに

あきたけん
- やきかくもち
- さんさい
- きのこ

にいがたけん
- やきかくもち
- いくら
- しおざけ

とうきょうと
- やきかくもち
- とりにく
- かまぼこ

きょうとふ
- ゆでまるもち
- やつがしら
- みぶな

ながさきけん
- ゆでまるもち
- やきとり
- かまぼこ

ぼくの わたしの おうちは どんな おぞうに？

II-4 保育で使える食育ネタ…12月

II-4 保育で使える食育ネタ

1月… 行事と遊び

1月の食育…導入のことばがけ

明けましておめでとうございます！ みんな元気にお正月を迎えられましたか？
昔から、お正月には、お正月ならではの遊びや料理でお祝いします。

やってみよう① お正月遊びのいろいろ

お正月は、昔から伝わる遊びで楽しく過ごしましょう。いっぱい遊べば、おなかもペコペコ！

- ふくわらい
- すごろく
- かるた
- たこあげ
- はねつき

やってみよう❷ 知っているかな？ お正月の食べ物

お正月を祝う料理はたくさんあります。みんなはいくつわかるかな？

おしょうがつ（さんがにち）

おしょうがつの たべものは、かぞくの 「けんこう」と 「しあわせ」への ねがいが こめられています。

① ___
② ___
③ ___ 
④ ___

ななくさ

つかれた おなかを まもってくれます。

すずな（かぶ）／せり／なずな／はこべら／ごぎょう（おぎょう）／すずしろ（だいこん）／ほとけのざ

ななくさが はいった おかゆは？

⑤ ___

かがみびらき

うんが ひらけます。

おそなえした もちを わって、
⑥ ___
に いれるよ。

【答え】①おせちりょうり ②おとそ ③おぞうに ④かがみもち ⑤ななくさがゆ ⑥おしるこ（ぜんざい）

II-4 保育で使える食育ネタ

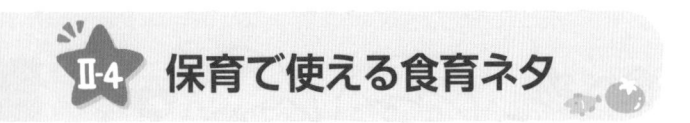

2月… おいしさを味わう

2月の食育…導入のことばがけ

みんなでご飯を食べると、とってもおいしいですね。でも、おいしさを味わうのは、口だけではないことを知っていますか?
ほかに、どこで「味わう」のかを考えてみましょう。

やってみよう① 「味わうところ」を考えてみよう

「おいしい おと」って どんな おと?

① しょっきを よういするとき。
② ほうちょうで きるとき。 
③ ごはんを かむとき。 
④ やさいを かむとき。 

「おいしい におい」って どんな におい?

なべを あけたときに でてくる ゆげの におい。

ほかにも あるかな? 「おいしい おと」「おいしい におい」

やってみよう❷ 給食室を探検しよう！

毎日、おいしいご飯ができる給食室。みんなのご飯は、どんなふうに作られているのかな？
給食室を探検してみよう！

① しょくざいが はこばれてくるよ。

② ちょうりしさんたちが てを あらったり、エプロンを きたりして、つくる よういを するよ。

③ しょくざいを あらったり きったりして、したじゅんびを するよ。

④ ちょうりを するよ。

⑤ みんなの ところへ はこぶために、ワゴンに ならべるよ。

いつも きゅうしょくを つくってくれる ひとに 「ありがとう」を いいましょう！

「ありがとう」

Ⅱ-4 保育で使える食育ネタ…2月

II-4 保育で使える食育ネタ

3月… 楽しい食事

3月の食育…導入のことばがけ

食事って、毎日していることだけど、特別に楽しい食事のときがありませんか？
どんなときが楽しいのでしょう。思い出してみましょう。

やってみよう❶ 「楽しい食事」って何だろう？

①すてきな もりつけだったとき！

だいすきな たべものが おいしそうに りょうりされて、きれいな いろどりで もりつけられていたら、わくわくするよね。

②じぶんで りょうりしたものを たべたとき！

どんなものを いれて つくったの？ ぴーまん？ しいたけ？ じぶんで りょうりをして たべるって たのしいね。

③だいすきな ひとと いっしょに たべたとき！

おなじ ばしょで、おはなしを しながら、おなじ ものを たべるって、どきどきするね。

④おなかが ぺこぺこに すいたとき！

しょくじの じかんが まちどおしいね。もりもり たべられるね。おいしいね。

ほかにも あるかな？ たのしい しょくじ！

やってみよう❷ 食育チェックリスト

1年間、楽しくおいしく食べることを勉強してきました。何がどれだけ身に付いたか、チェックしてみましょう。

はい　いいえ　ときどき

①しょくじは　きめられた　じかんに　たべる。

②よく　かんで　たべる。

③すききらいなく、なんでも　たべる。

④「しゅん」を　えらんで　たべる。

⑤いちにちに　いちどは、かぞくみんなで　たべる。

⑥ルールや　マナーを　まもって　たべる。

⑦はしや　うつわは　ただしく　もって　たべる。

⑧じゅんびや　あとかたづけを　てつだう。

⑨しょくじづくりを　てつだう。

⑩じぶんで　りょうりをして、たべることが　ある。

⑪ぎょうじの　ひには、ぎょうじの　たべもので　いわって　たべる。

⑫おかあさんの　とくいな　りょうりは　おいしい。

⑬しょくじは　まちどおしくて　たのしい　じかんだ。

Ⅱ-4　保育で使える食育ネタ…3月

第Ⅲ章 食育を学ぼう！

食育活動をさらに有意義なものにするために、
理解を深めておきましょう。

Ⅲ-1 美保先生の食育講座

① 「おいしさを味わう」学習について …………………………… **148**

② 「におい」と「味わい」 ……………………………………………… **150**

③ 「口当たり」と「味」 ………………………………………………… **152**

④ 「温度」と「味わい」 ………………………………………………… **154**

⑤ 「色彩」と「味わい」 ………………………………………………… **156**

⑥ 「音」と「味わい」 …………………………………………………… **158**

⑦ 「食事環境」と「味わい」 …………………………………………… **160**

⑧ 「健康」と「味わい」 ………………………………………………… **162**

⑨ 「人間関係」と「味わい」 …………………………………………… **164**

⑩ 「ことば」と「味わい」 ……………………………………………… **166**

⑪ 「味わい」を「表現」する食文化の伝承 ………………………… **168**

⑫ 豊かに「味わい」を育てる食環境を ……………………………… **170**

Ⅲ-2 食育実践レポート

① 郷土料理の伝承を担う、園での食育……………………………………… **173**

② 環境と食育 〜ランチルームの効用を知る〜……………………………… **176**

③ 楽しい食事について考える 〜「食と人間関係」にも通じるものとして〜………… **180**

④ 「心を育てる食事」を学ぶ 〜「食と人間関係」にも通じるものとして〜………… **184**

Ⅲ-1 美保先生の食育講座

①「おいしさを味わう」学習について

1. 食べることは人間の体と心作り

　"食"という字は、人を良くすると書きます。まさに、飽食の時代の現代、子どもたちは毎日の食生活の中で、"人が良く"なるような食べ方を学習しているのでしょうか。このような環境の中で、子どもの食生活をいかに健康的に演出するのか、まさに、大人の意識にかかっているといえるでしょう。

　発育・発達してゆく子どもたちに、「食とは何か」という基本的な知識と常識をいかに伝えるかが、私たちの大切な役割だと思います。唯一、人には食べることの学習ができます。まず、私たち保育者や保護者が"食事は子どもが自立を獲得してゆくプロセスである"といった視点に立ち、食べることが人間の体と心を作るのだということを、子どもたちにきちんと伝えたいものです。

　そのうえで、食事をおいしく味わうための学習方法や、食事を楽しむ方法を模索していきたいと思います。

2. 子どもの食に携わる者の心構え

　「きょうは何だろう?」と、食事を作っているにおい、食器をそろえる音で子どもたちは食事の時間が近いことを知り、ワクワク期待しながら待ちます。

　食べものの味は、食品に含まれる成分に影響されることはいうまでもありませんが、味わうという感覚は、化学的に分析された甘味・酸味・塩味・苦味・旨味（＝五原味）などの呈味成分である味覚をベースに、においと味といった化学的要因や、硬さと味、温度と味などの物理的要因、色彩と味、音と味などの心理的要因が、相互にからみ合って生じるものです。

　食べものの味に影響を与える要因を、右の図表に示しました。おいしさを味わうためには、感覚的な要因と環境的な要因が、融合しなければ成り立たないことがよくわかります。私たちは、子どもの生活の流れを見据えて、年齢に見合ったふさわしい味わいを追求し続けることが肝要でしょう。

　例えば、同じ食べものや飲みものでも、大人と子どものおいしさ温度は違います。また、幼児期は味覚学習の過渡期でもあり、早く覚える味（甘味・塩味・旨味）もあり、覚えられない味もあります。「この子は食べない」「野菜を食べない」「魚を食べない」と悩むより、子どもの食をサポートする私たちがいっしょに食べて行動を共有し、ストレートに感情豊かに表現することこそが、子どもの味覚の幅を広げ、おいしく味わえる行為に育っていくのではないかと思うのですが……。

　子どもの食に携わる者の心構えとして、今、子どもが到達している点、もう少し努力したらできる点、これを私たちが見据えて、個々の子どもの発達の視点で、味覚の学習やおいしさを味わえる感性を育てなければなりません。

　150ページからは、おいしさ味わい学習の条件づくりについて、要因別に考えていきたいと思います。

食べ物の味に影響を与える要因

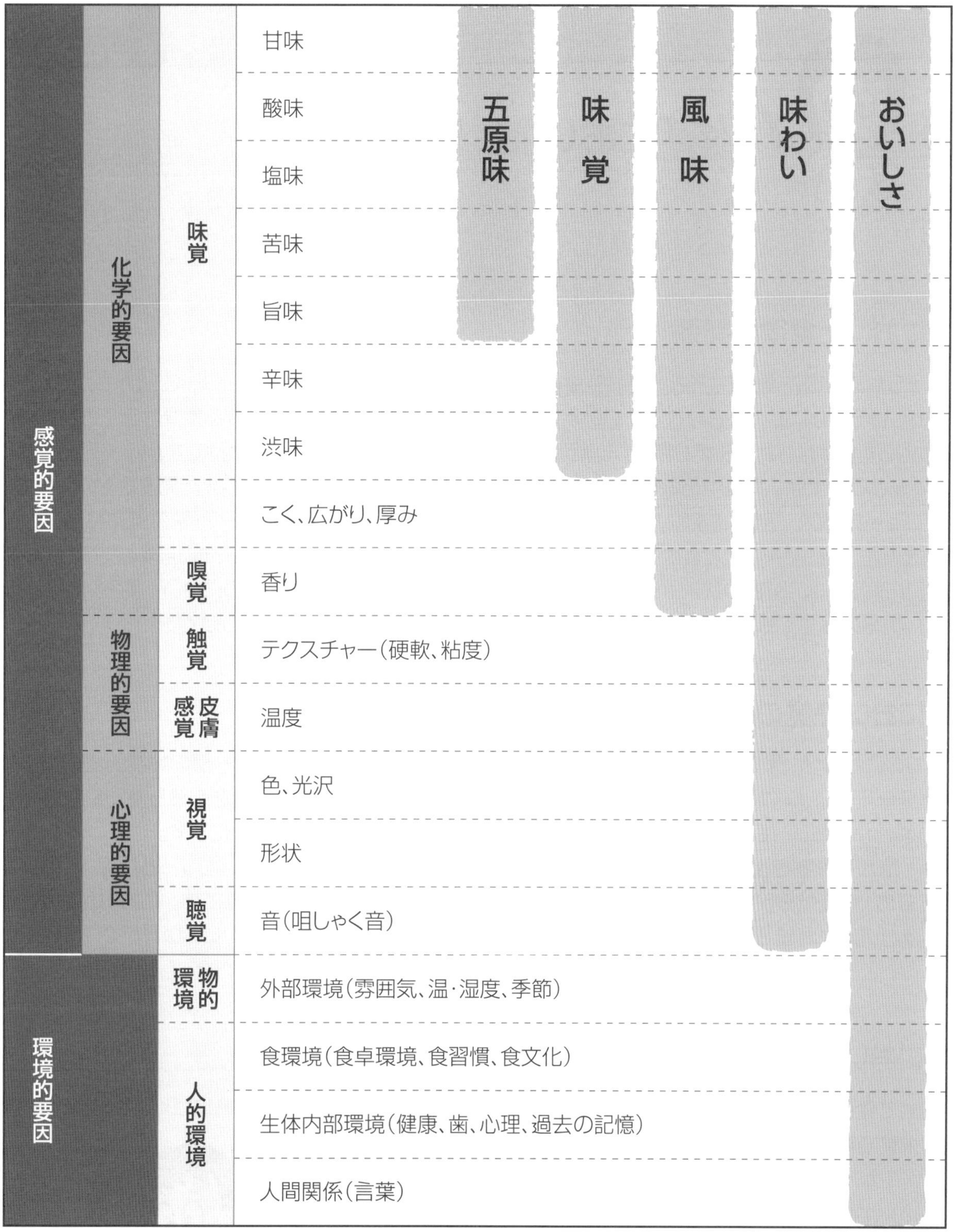

				五原味	味覚	風味	味わい	おいしさ
感覚的要因	化学的要因	味覚	甘味	●	●	●	●	●
			酸味	●	●	●	●	●
			塩味	●	●	●	●	●
			苦味	●	●	●	●	●
			旨味	●	●	●	●	●
			辛味		●	●	●	●
			渋味		●	●	●	●
			こく、広がり、厚み				●	●
		嗅覚	香り			●	●	●
	物理的要因	触覚	テクスチャー（硬軟、粘度）				●	●
		皮膚感覚	温度				●	●
	心理的要因	視覚	色、光沢					●
			形状					●
		聴覚	音（咀しゃく音）					●
環境的要因	物的環境		外部環境（雰囲気、温・湿度、季節）					●
	人的環境		食環境（食卓環境、食習慣、食文化）					●
			生体内部環境（健康、歯、心理、過去の記憶）					●
			人間関係（言葉）					●

Ⅲ-1 美保先生の食育講座…①

III-1 美保先生の食育講座

②「におい」と「味わい」

😊 1. においと食欲の関係

　おいしそうなにおいが漂ってくると、急に空腹感を覚えたり、おしいそうなにおいに誘われて、つい足が向いてしまったりした経験は、だれもがお持ちでしょう。

　こうして起こる食欲は、摂食中枢の細胞の中のブドウ糖感受性ニューロンが、活発に活動して、脳の前頭連合野へ刺激を伝え、その結果起こる食欲なのです。特に、味とにおいに対しては、外部の状況（条件）から脳にもたらされた情報のなかでも、このブドウ糖感受性ニューロンが強く反応し、盛んに働くことがわかってきました。

　つまり、食欲を決定する重要な因子のひとつが、においと味の関係だというわけです。

　しかし、子どもの脳は、まだ発達途上の段階でもあり、ささいな臭刺激が、快・不快の情緒に結びつき、食欲を失ってしまうことも多々あります。"懐かしい味とにおい""好きな食べもののにおい"など、子ども時代から大切に育てていきたいものです。

😊 2. におい感覚の伝達

　食事作りのにおいが、家庭から激減しています。

　日米の調査研究によれば、五感のうち嗅覚の衰えを示す人の割合が、もっとも高いといわれています。人の嗅覚は、ほかの動物と比べて鈍感で、犬と比較すると100万分の1程度だそうですが、現代人にとって嗅覚は、それほど切実な問題ではなくなってきているのでしょうか。

　においは、鼻中隔の一部の粘膜上皮の部分で感じます。この粘膜の嗅細胞を刺激し嗅神経を経過して、中枢に送られてにおいを感じます。

　子どもの鼻腔は大人よりずっと狭く、においを感じないでいることが多いようです。においがわからなくなると味覚も育ちません。"においをかぐ"楽しいプログラムを、養育・保育の中で設定してみましょう。

😊 3. においと情緒

　人が初めて覚える快いにおいは、母乳でしょうか。母乳と人工栄養で育った乳児ではにおいの感じ方にも違いがあるようです。母と子のふれあいは「母乳のにおい」「母親のにおい」が重要な要素となり、子どもの情緒発達に大きく影響していきます。

　保護者や保育者は、もっと子どもの嗅覚発達にも目を向け、その発達を促す環境づくりを心がけなければなりません。

4. 食欲への影響

①食品材料のにおい

　食品独特のにおいと思われるものも、実は数十種の混合成分から成り立っています。一般にどんな混合割合で、どんなにおいを示すのかは解明されていません。

　下の図表に、天然食品の持つ主な香気成分を示しました。天然の香りには果実のような心地良い香りもありますが、生臭い魚や肉のような不快なにおいも存在します。後者では調理に工夫し、臭み消しを施したり、香辛料を用いたりしてその対応策にあたらねばなりません。

②いやなにおいを消す工夫（香辛料の効果）

　においの強い食品は、じょうずににおいを消す工夫が必要です。

　魚や肉はひと口くらいの揚げものにすると食べやすく風味や香ばしさが出て、生臭さが気にならなくなります。また、子どもの好きなカレーやケチャップ、マヨネーズなどの香辛料や調味料を取り入れるのもよい方法でしょう。

　幼児期前半の子どもは、気分にもむらがあり、気難しいところもあるので、においに不慣れだったり、不満だったりすると食べないということがよくあります。

　このほか、酢豚やポークソテーなどを調理するときに少量のパイナップルやリンゴを加えたり、みそラーメンやカレーにすりおろしリンゴを加えます。いずれもパイナップルやリンゴのにおいが味をまろやかにしてくれます。

③料理のにおい

　食欲を刺激する食べ物の風味は、加熱調理によって促進され、においが強化される場合が多いのですが、長時間加熱を続けると、風味は空気中に拡散して、消失するのがほとんどです。

　しかし、焼きたてのパンや焼き魚などは、加熱によって起こる食品成分の分解の結果、香ばしいにおいや食欲をそそるにおいとなって感知され、好ましいにおいとして残ります。

主なにおいの成分と所在

有香成分	所在
アルコール	酒類、発酵調味料、果実
エステル類	バナナ、リンゴ、カリン、ナシ、イチゴ　などの果物
アルデヒド類・ケトン類	果物、花、加熱調理した肉類
酢酸	食酢
アミン類	生の魚介類、肉類
メルカプタン類	加熱調理した野菜類、ゴマ油、しょうゆ、漬け物、にんにく、チーズ、エビ、カニ　など

資料：『調理学』東京都私立短期大学協会編（酒井書店）

5. おいしく味わうために

　"嗅覚で食事時間を知る"ということは、子どもの発達にとって、とても重要なことだと思います。朝・昼・夕食の30分前くらいから、このような環境づくりをすることを意識してみましょう。

　「においで食べることを知る」という感覚は、人の消化という営みにとって、とても大切なことなのです。でん粉を消化する唾液がたっぷり分泌されると、それがタンパク質を消化する胃液の分泌を促します。そのことは、糖質、脂質、タンパク質を最後まで消化する膵液や腸液の分泌を促す刺激になるのです。

　このように、生理的条件を準備し、子どもに提供することこそが、おいしさの味わい学習の条件づくりそのものなのです。

Ⅲ-1 美保先生の食育講座

③「口当たり」と「味」

1. テクスチャーってなに?

　テクスチャーとは、口に入った食べものが、その硬さ、弾力、滑らかさ、砕けやすさなど、口当たりとして、口腔内の各部分の触感刺激によって起こされる物理的な味わいのことです。

　この口当たりは、味の感度にも影響し、味を濃く感じさせたり、美味だと感じさせたりもします。料理によっても異なりますが、おいしさの50％以上が、テクスチャーによる影響だといわれています。

　テクスチャーの好みは人さまざまですが、唇からのどごしまでの口全体の感覚を、子ども時代から大切に育てていく必要があります。

　一般に1〜2歳児はヌルヌル・ヌメヌメ・グニャッとした舌触りのものを特に嫌う傾向にあるようです。ネギの芯やサトイモ、加熱しすぎたもやしなどが要注意です。

　テクスチャーと調理との関係は分析や客観化が難しいため、いまだに体系化できないでいる面が多いようです。

　しかし、食べ物の嗜好を決定する重要な要因となるため、調理担当者は、一般に子どもが好む料理について、テクスチャーの面からも、どのような調理操作が適切なのかを把握し、それを食事作りに取り入れる姿勢が望まれます。

2. 硬さ

　かみごたえのある食べ物というと、せんべいやスルメのように、硬いものを連想される方が多いでしょう。大切にしたいことは、硬さを学習することよりも、歯でかみ砕いて飲み込める状態にするまでの、咀しゃく学習にあります。3歳くらいになって、乳歯が全部はえそろったころから、本格的にかみごたえの学習を始めましょう。

　離乳の実態からは、その子どもの能力以上に、硬いものを早く与えすぎる傾向も見えてきます。

　なんでも細かく刻んでしまったり、何か特定の食品をかませて学習させるよりも、子どもの発達の視点で、その子の能力に合った、ひと口大のかたまりを与える工夫をしましょう。生野菜などや、伝統料理（おふくろの味・園の味）を献立に取り入れ、毎日楽しみながら学習を重ねてゆくと、その効果が表れてきます。

　この時期に、かみごたえのあるものをじょうずに与え、よくかむ習慣を身につけさせることは、大人から子どもへの大事なプレゼントとなります。

　硬いものをいやがらず、かみごたえを味わいのひとつとして感覚的に覚えることができたら、その子どもの一生の財産になります。

3. 弾力

　歯でかんだときの弾力感覚も、味わいに大きく影響を及ぼします。その代表的な食品に挙げられるのが、かまぼこや肉料理です。私たちは食品の硬さをよく論じますが、それよりも、煮たり焼いたりした加熱調理における、食品の硬さの変化を認識することが、大切だと思います。

　お昼寝のとき、園児の口に残っていた白い肉塊を見つけて驚いた、ということもよく耳にします。その原因を探っていくと、煮込み過ぎた肉にあったようです。加熱調理すると弾力性が失われ、硬くなりやすい食品も多いので、調理の手加減を知ることが大切です。

　第一・第二大臼歯が生えそろう、11〜13歳ごろになると、大人とほぼ同じように弾力性のあるものを味わえるようになります。

4. 滑らかさ

　子どもの味覚発達上、滑らかさは欠かせません。

　滑らかさは、まず唇で感じ、次に口腔内の粘膜で感じます。

　子どもは、アイスクリームやゼリー、プリンなどをはじめとして、表面に滑らかさのある、ソフトな口当たりを、おいしさを決定する、重要な要因として評価します。そして、このような快い感触の料理や食品を好みます。ただし、なめこやとろろ汁のような、ドロッとした滑らかさの食品を嫌う幼児も多く、子どもにとっての触感覚の過渡期は、児童期前半まで続くようです。

　また、味わい以外の面でも、滑らかで軟らかな食品を好むソフト嗜好は、子どもの歯並びや、かみ合わせの悪さをつくり出す原因ともなり、問題意識を持ちながら、調理形態に留意していかねばなりません。

5. 砕けやすさ

　ポテトチップス、せんべい、ビスケットなどは、パリッと砕ける快感が味わいとなって残ります。この砕けやすさは、歯触りともいわれ、味の良し悪しを表現しています。

　4・5歳になると、素材そのものの味だけでなく、舌触り、歯触り、かみごたえが嫌いで食べない場合があります。調理法を工夫し、どうすれば快く感じる歯触りになるのかを、配慮しなければなりません。

　例えば、生野菜をよく冷やしてパリッとさせるとか、ビスケットは十分に焼いてサクッとさせるようにします。

　しかし、幼児期では、「パリッ」「サクッ」などの歯触り・味わい学習の到達点は遠く、したがって生野菜が食べにくいのを、偏食と決めつけてしまっている場合がほとんどです。

　5歳、10歳と徐々に年齢が上がっていくと、子どもが生理的に受け入れられなかったものも、食べられるようになってきます。そのときが、歯触り学習の始めどきです。

6. まとめ

　このように、唇からのどごしまでの、口当たりの触感覚によって引き起こされる、物理的な味わいのテクスチャー学習は、子どもの好奇心や、大人のように食べたいという向上心、さらに、嫌だけど食べなければという食品に対する知識など、脳の発達が不可欠です。

　口当たりの感覚を大切に育てるためにも、今、子どもたちが到達している点、もうすこし努力したらできそうな点、これを大人が見据えて、テクスチャー学習の取り組みを始めましょう。

III-1 美保先生の食育講座

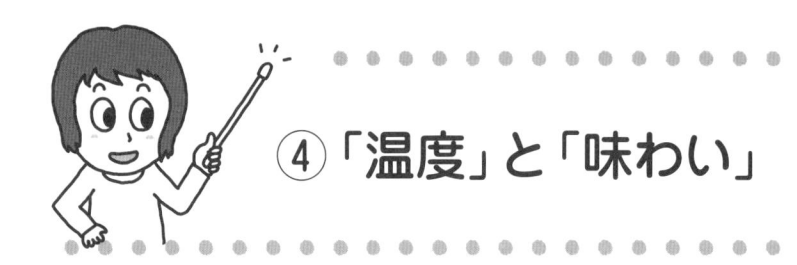

④「温度」と「味わい」

1. 冷たい味と温かい味

　冬には暖を取り、暑い夏は涼を求めるように、食べ物の味わいに対しても、私たちは適切な温冷のおいしさを求めます。

　口に入れておいしいと感じる温度は、体温が基準となるため、温度も物理的な味覚のひとつとして考えなければなりません。

　そのためには、口腔内の機能の発達状態を把握することが必要です。大人と子どものおいしさ温度は違いますので、子どもの「食べごろ・飲みごろ」温度についての研究を深め、実践していかねばならないと思います。

　味わいに関する要素として、温度そのものの刺激があります。例えば、同じ食品でも、冬は湯豆腐、夏は冷やっこというように、外気温の変化により、口に含んだときの口腔粘膜への温度刺激から伝わる、味わいの効果も違ってきます。特に口腔内は敏感で、わずかな温度差でもよく感知します。「食べごろ・飲みごろ」を知るためには、食べ物それぞれのおいしさを感じる温度域を知る必要があります。155ページの図表1に、食べ物のおいしさ温度を示しました。この表は、あくまでも大人の標準を示したものです。

　喫食温度は、体温から離れるにしたがって刺激は強くなりますが、一般的に温かい食べ物と冷たい食べ物の適温は、体温を中心に ±25℃前後と考えます。しかし、子どものおいしさ温度は口腔内の発達から見て、1・2歳児では ±15℃、3・4・5歳児では ±20℃前後と考えるのが妥当でしょう。

　「ふうふうして食べたおでん、おいしかった」「夕涼み会で飲んだ麦茶、おいしかった」などという子どもの言葉を大切に考えたいものです。

　このように食べ物の味わいに、温度の影響が大きいことを考えると、保温や保冷に対する配慮も調理上大切です。そのためには、冷めたら味の変わるものや汁ものなどはいちばん後に作る、という調理の手順が、おいしさにつながる重要なポイントとなってきます。

　離乳中期ぐらいになると、食べ物の味覚や温度に対する好みも出てきます。子どもからの、調理形態や温度に対するサインを見落すことのないように心がけましょう。

　子どもはネコ舌が大前提です。

　子どもにふさわしい、食べ物のおいしさ温度を、追求し続ける姿勢を大切にしたいものです。

2. 味の感じ方と温度

　食べ物や飲みものは、その温度によって味の感じ方が複雑に変化し、一定していません。155ページの図表2に示したように、四味のうち、酸味を除いた味の感じ方は、温度に影響されやすいことがわかります。温度による味の変化について、考えてみましょう。

①**甘味**

　甘味は体温近くでもっとも強く感じ、温度が体温より

図表1　食べ物の適温

	あたたかい食べ物		冷たい食べ物	
	食品	温度(℃)	食品	温度(℃)
液状・汁をともなったもの	コーヒー みそ汁 スープ 牛乳 一般飲みもの しるこ かゆ	70℃前後 65℃前後 63℃前後 60℃前後 60〜65℃ 60℃前後 37〜42℃	牛乳 冷水 煎茶 牛乳 ジュース アイスコーヒー サイダー	10℃前後 }10℃前後 }10℃前後 }6℃
固形のもの	てんぷら うどん 湯豆腐 茶わん蒸し	65℃前後 65℃前後 }60〜65℃ 	酢のもの 冷やっこ 水ようかん・和菓子 ババロア・モスコビー 冷しスイカ アイスクリーム	20〜25℃ 15〜17℃ 10〜12℃ 10℃ 10℃ −6℃

高くても低くても、体温から離れると徐々に感じ方は鈍くなります。

　カボチャの煮付けや大学イモが冷めると、ホクホクした甘さが失せたように感じた経験はありませんか。

②塩味

　温度が高くなるほど、塩味は軟らかく感じられます。逆に、冷めた塩味は強くとがって感じます。スープやみそ汁が、冷めると塩辛く感じるのはその影響からです。

　調理したときの高い温度で味見をし、温度が下がってから食すると、味のバランスが崩れてしょっぱく感じたという経験はありませんか？

③苦味

　体温以外の温度では、ほとんど感じ方に変化はありませんが、温度が低いほうが強く感じるようです。しかし、体温以上では、温度が高くなるにしたがって苦味の感じ方は鈍くなります。

　熱いコーヒー（70℃くらい）が冷めると、苦く感じてまずくなるのは、温度による影響です。

④酸味

　温度が変わっても、ほとんど味の感じ方は変わりません。

しかし、酸味と甘味を含んだ果物は、冷やすと酸味を強く感じ、温かいと甘く感じます。これは酸味の感度が変わるのではなく、甘味の感じ方が変わることに原因があります。

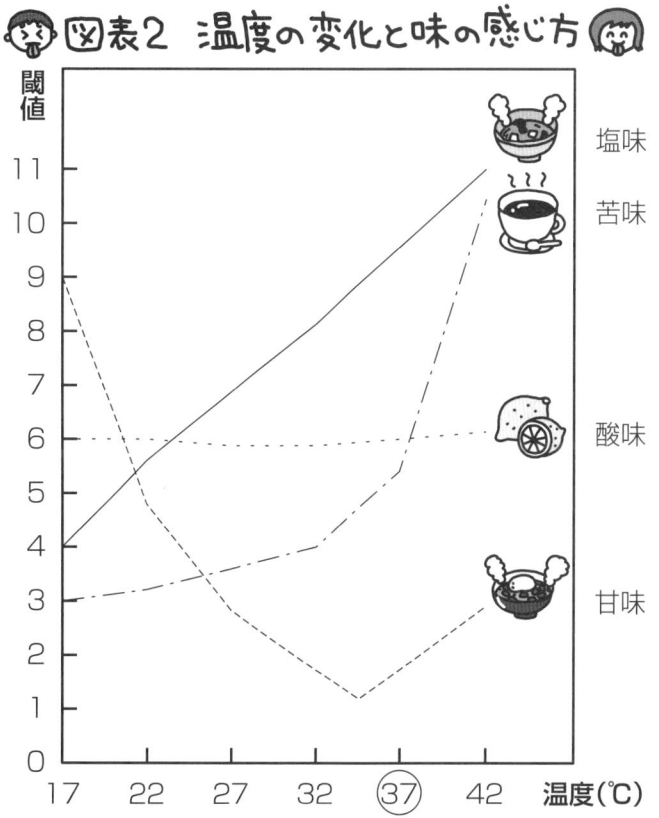

図表2　温度の変化と味の感じ方

III-1 美保先生の食育講座

⑤「色彩」と「味わい」

1. 色彩と食欲の関係

　料理を「目で食べる」ともいいますが、見た目だけでおいしさを味わえる、人間の感性の豊かさを言い表している言葉ではないでしょうか。

　美しく盛り合わせた料理が食欲を起こさせる第一歩であること、大切に考えたいものです。

　幼い子どもほど、色彩がきれいなものを好みます。3歳を過ぎて、いろいろな体験を重ねると、においや盛り付け方の工夫により、少々色どりが悪くても、食べてくれるのですが……。

　料理の色どりが視覚を通して、おいしさとどうつながっていくのか、そのプロセスを調理担当者は、もっと知らなければなりません。どんな食材を選んで、色どりよくどう組み合わせるのか、食品の色を鮮やかに生かす調理法や、盛り付ける食器を選ぶなど、心を尽くしたいものです。

　料亭やレストランの料理などを思い浮かべ「プロの作る料理は違う」といってしまえばそれまでですが、自然の色を大切にした調理や盛り付けを心がけ、毎日の食卓の中で整えて、子どもたちにきちんと伝えていきたいものです。

　心理学者のバーレンは、色彩には食欲を増進させるものと、減退させるものがあると述べています。

　橙色系、赤色系、黄色系は食欲を感じさせる色彩であるといわれています。

　スーパーマーケットなどの入り口には、果物や野菜などが色どりよく並べられていますが、買い物客の食欲を増進させて、購買意欲につなげようとする演出意図であるといえるでしょう。

　これは、料理の盛り付けにもいえることです。盛り合わせの中に、食欲をそそる色の食品を盛り合わせるだけで、見違えるように印象が変わってきます。緑色ばかりの野菜サラダの盛り合わせに、トマトのひと切れや、ゆで卵のスライスを乗せたりして赤や黄色を加えるだけで、よりおいしさを感じさせます。

　料理の仕上げの色合いをどのようにすると、子どもたちの食欲を増進させて、目と舌でそのおいしさを感じるか、調理者はよく理解することも大切なポイントです。

　黄緑や紫色は食欲を減退させる色といわれています。ブドウやナスは紫色と思われるかもしれませんが、実際には、157ページの図表に示されているように、赤色系に属します。

　気をつけなければならないのは、調理前や調理過程で起こる、変色です。食材の変質、空気による酸化など、ゆですぎた野菜の変色、皮をむいたまま放置して褐変したリンゴなど、子どもたちは敏感に感じて食べてはくれません。

　赤いトマト、グリーンのピーマン、鮮やかな紫のナスなど、それぞれ特徴のある自然な色彩は美しいものです。旬の食材は、栄養的にもその時期に必要なものを豊富に含み、新鮮なみずみずしい色を保っています。そんな食材をどのような食材と組み合わせ、よりおいしそうな色どりをどのように醸し出すかが、料理作りのポイントです。

2. 食欲を豊かに起こさせる色の組み合わせ

春先の豆ご飯の清々しいグリーンと白いご飯の色どりの美しさ、また、秋の栗ご飯、黄色の栗の実のほっくりした甘みなど、旬の味わいを目と舌で感じることになります。旬の材料は、すべての感性を満足させてくれる食材です。

新鮮な食材を使用することに心がければ、自然な色彩を存分に食卓に使うことができますが、近年ではなかなか難しいこともあります。

また、加工品などには、着色料が添加されていたり補色修正されているものがたくさんあります。不必要な着色、漂白したものは避けて、できるだけ自然な色彩を料理に生かすことを心がけましょう。

食べ物に対する色彩のイメージは、固定化されているものが多く、牛乳は「白」で、リンゴは「赤」、カレーは「黄色」となります。

それぞれをほかの色にイメージしたらどうでしょう。牛乳が「赤」だったりしたら、奇異な感じがして、おいしそうには感じられないでしょう。

子どもたちはいろいろな体験の中から、イメージを作り、記憶の中に留めていきます。

毎日の食事の中で、食欲を豊かに起こさせる組み合わせを、いろいろな体験を通して、健全な食事を、心と、舌に感じさせる演出を心がけてください。

図表 おもな色彩・成分の食品

色	分類	所在する食品
黄、橙、赤	カロチノイド系色素	にんじん、かぼちゃ、トマト、とうもろこし、すいか、葉物
緑	クロロフィル系色素	ほうれん草、ピーマン
赤、暗赤	アントシアン系色素	黒豆、桃、さくらんぼ、ぶどう、なす
白、薄黄	フラボノイド系色素	カリフラワー、玉ねぎ
鮮赤	ミオグロビン / ヘモグロビン	鶏肉、魚、牛肉

III-1 美保先生の食育講座

⑥「音」と「味わい」

1. 食事時間を音で知る

「ジャージャー」とものを炒める音や、「カチャカチャ」と食器をそろえる音で、子どもは食事時間を知り、「早く食事にしようよ」と期待しながら、調理室をのぞきに来ます。

さて、家庭ではどうでしょうか？「トントントン」とまな板で食材を切る音で目覚めたり、「ガチッ」と卵を割る音、「ジュワー」と焼く音の中で、朝の身じたくを整えている子どもは、どのくらいいるのでしょうか。朝ご飯を食べないで登園して来る子どもが年々増加し、朝食の意義について、あちらこちらで指摘されています。

1日のエネルギー源である朝食を食べて登園させるためには、食事時間の最低30分前には起床させましょう。睡眠を支配する神経と行動を支配する神経の交換は、最低15分から30分かかります。まどろみを通して自立起床できる子どもに育てるためにも、この時間帯に「テレビからの音」でなく、「食べ物が作られてゆくプロセスでの音」を、子どもたちにきちんと伝えていきたいものです。

2. 調理時間の短縮と加工食品

今、音の出ない、待たなくてよい食事をとる家庭が増えています。

1992（平成4）年の国民栄養調査によれば、夕食の準備にかける調理時間は、45分未満が50％近くを示し、そのうちの3分の1が30分未満だという結果が出ています。また、調理済食品を使うと答えた理由のうち、「料理を作る時間的余裕がない」と答えた人が半数いたことを合わせて考えると、おそうざいや加工食品の使用頻度が、高まってきたことがわかります。

このような食生活を進めていると、当然、栄養状態にも影響を与えます。調理済み食品をよく利用し調理にかける時間が少ない家庭ほど、栄養のバランスが悪いことも指摘されています。幼児期は食習慣を確立する時期でもあります。味わい学習の教科書でもある食べ物の、調理する過程の音に、味わい学習の教師である保護者や保育者、育児担当者はもっとこだわりたいものです。

3. 食べ物を食べる音

パリパリ、ボリボリ、サクサク、カリカリなど、咀しゃくしているときの発生音が鼓膜を振動し、中耳、内耳を経て、聴神経から中枢へと伝達され、味わいに影響を及ぼします。

咀しゃくというと、固いものをかむということを連想しますが、そうではありません。毎日の食生活を通して、かむことを習慣化することが大切なのです。

幼児期での咀しゃくトレーニングは、味覚形成上欠か

せません。野菜嫌いの子どもが多いといわれている昨今ですが、軟らかいものを食べ慣れた子どもは、よくかんでからでないと飲み込めない野菜などが苦手のようです。そのため、かまなくなり、歯やあご、その周辺の筋肉などの発達が阻害されて、いろいろな弊害が出てきています。よくかむことの効用として、

- ひ …肥満防止
- み …味覚の発達
- こ …言葉の発音が明確
- の …脳の発達
- は …虫歯予防
- が …ガン予防
- いー…胃腸も快調
- ぜ …全力投球

と覚えておくとよいでしょう。
(学校食事研究会発行・月刊『学校の食事』より)

このように、味覚と咀しゃくは、表裏一体の関係にあり、咀しゃく音こそ、味わい学習上かかせません。テレビを見ながらの"ながら食い"では、食べ物を口に入れるだけで、咀しゃく音も味もわからず、食べる意欲もわきません。

子どもに、かむことを習慣化させるためには、食事の内容とともに、かむことに集中できる食環境づくりが大切です。日々の家庭での食事の中で、また、たくさんのお友達と食べる園での食事の中で、よくかんで食べることとともに、食べたときの音を感じ取れる感性を育てる心がけを、私たちはもっと大事に考えなければなりません。

出典：学校食事研究会発行・月刊『学校の食事』より

4. 音楽と食事

『いただきます』や『おべんとうのうた』など、保育園や幼稚園で、食事の前に指導者の指示によって、子どもが歌う場面によく出会います。

指導者が、号令をかけるような方法に頼らず、子どもが歌う行動を、食べる意欲につなげるようにするために、どんな歌を選びどう取り扱うのか、そのねらいをもう一度振り返ってみる必要がありませんか？

元気いっぱいもいいけれど、なんだか勢いで、食事と向き合わせているような気がしてならないのです。それよりも、食事中の音楽の効用について、もっと考えてみたいものです。

食事中のBGMなど、快い音楽の流れる部屋で、ゆったりとした状態での食事は、おいしさも倍増します。

バッハ（1685〜1750）と同じ時代に、テレマン（1681〜1767）という食卓音楽家がいました。王侯貴族が食事や宴会のときに、お抱えの楽隊に演奏させるため、聞こえても、聞こえなくても、会話のじゃまにならず、常に音が切れぬような曲作りに、心を配ったといいます。

子どもたちのための"食卓音楽"には、どんな曲を選び、どう取り扱うのか、子どもの発達の視点でもっと研究してみましょう。

食べ物の質が豊かになっただけでは、本物の豊かさとはいえません。おいしさ味わい学習の中で、食卓音楽がどんな効果を示すのか、日々の保育の中から、その研究と実践に取り組んでみたいものです。

Ⅲ-1 美保先生の食育講座

⑦「食事環境」と「味わい」

　P.159までは、食べ物の味わいに影響を与える感覚的な要因について五感ごとに説明してきました。
　このページからは、環境的な要因について、物的環境と人的環境の両側面から、味わい学習に及ぼす要因について考えてみたいと思います。

1. 季節と味わい

　"みのりの秋"という言葉があります。"あき"という音は、自然が与えてくれる食べ物が豊かにあり、"飽き"るほど食べられるといったところから、発しているという一説もあります。
　天高く馬肥ゆる秋。子どもたちの味わい学習上、最適な季節のはずなのに、最近は旬が感じられなくなってしまいました。トマトもキュウリもナスも、本来は夏野菜ですが、今では1年中出回っています。旬以外の時期にその季節のものが食べられるということは、農作物の成育に最適な環境を人工的に作り出し、生産しているからです。

　子どもの食に携わる私たちは、もっとこのことに関心を持たねばなりません。栄養成分から見ても、"ハウスのトマト"よりも、夏の"露地トマト"のほうがビタミンCをたくさん含んでいます。
　子どもたちに、安全で、栄養価の高い、おいしい食事を提供するためにも、業者から運搬されてくる食材やその流通経絡に慣れてしまわず、毎日のことだからこそ、食材を選ぶ厳しい目を養わなくてはなりません。
　季節のうつろいに感動する心を、食事の中にこそ表現して、子どもたちにきちんと伝えていきたいものです。

2. 雰囲気

　食事のときの雰囲気は、食欲や味わいに大きな影響を及ぼします。緊張や精神的な不愉快さは、交感神経の緊張を高め、消化液の分泌を抑制します。逆に、興奮状態が治まると、副交感神経の働きが活発になり、消化液が分泌されて、胃腸が活発に運動を始めるのです。楽しい雰囲気や和やかな雰囲気で食事をする努力と工夫が望まれます。
　最近、とても気になっていることですが、家庭や園での食事の場面で、熱心さのあまりか、食事中の子どもへ

のことばがけが多すぎるように思えてなりません。確かに、「子どもにひと口でも食べてもらいたい」「いろいろな味に出会わせてあげたい」「よくかんで味わってもらいたい」など、種々の思いはありますが、食事中の多くのことばがけは、逆に子どもの心にブレーキがかかり、効果的ではないように思います。
　それより、いっしょに食べながら味わうようすを、ストレートに感情豊かに表現することのほうが、子どもがおいしく味わって食べられる行為に育っていくのではない

かと思います。食事が始まってからの5分間は、子どもの食べる意欲と表情を、しっかりと見守るようにしましょう。

子どもにとっての食事環境を、少しでも和やかで楽しいものにするためにも、食べる雰囲気をもっと重視しなければなりません。それは、大人と子どものハーモニーから生まれてくるものが大きいことを忘れないようにしたいものです。

3. 食事環境の見直しを

幼児期の苦しくつらい食事体験は、食欲不振・無気力・拒食につながります。また、イヤイヤ、イライラすることが多いと、常に交感神経優位で食卓に向かうことにもなります。食事の環境を楽しく、リラックスできるように配慮することは、私たちの力量にもかかわってくるのではないでしょうか。

ある園でランチルームをつくってみたら、子どもたちの食べる意欲や行為が見違えるようによくなったという話を聞きました。遊ぶ・食べる・眠るというすべての生活を、同一の保育室で行なっているところが少なくありません。何か工夫して、食べる場所を時々は違う場所に設定してみてはどうでしょう。

食べることに集中できる環境づくりこそ、大切だと思います。よく晴れた気持ちの良い日に、園庭で、お弁当箱に詰めて食べるのもよし、雨の日、みんなの食欲がないときに、ホールに集まって、輪になって食べるのもひとつのアイディアですね。

保育室で横一列に並んで、いっせいに食べる光景をよく目にします。それもよいですが、どうしても隣の席の子と比較されて、落ち着いて食べられなくなる子どももいるようです。机の並べ方ひとつにも考慮して、子ども同士が顔を合わせて、「お友達といっしょで楽しい！」と感じられる食事環境づくりが望まれます。

3歳以上児の食事のときは、個々のランチョンマットをやめて、大きなテーブルクロスを使用した園がありました。準備も、食事中や後かたづけも、このほうが子どもは食器をていねいに扱い、食事も落ち着いてとれるようになりました。条件設定を変更したことで、食事に対する子どもの取り組みが変わってきたよい例です。

また、おいしさを感じる光の取り入れ方、食事をする部屋の適切な温度や湿度についても、研究をしてみましょう。

食事中のBGMは、くつろいだ雰囲気の演出に効果的です。聞き慣れた音楽とおいしい食事の味が、子どもの心に相まって、その音楽を聞くと食事の時間を知り「食べたいなあ」、という意欲が育ってくれたなら本望です。

家庭では、テレビを消して、「いただきます」の言葉から食事をすることをすすめたいものです。

食事の効果を高め、子どもの豊かな情操を育てるためには、じょうずに調理するだけでなく、絶えず"楽しい食事環境づくり"を演出する心がけが、子どもの味わい学習課程上、とても大切だと思います。

III-1 美保先生の食育講座

⑧「健康」と「味わい」

　WHO（世界保健機関）やユニセフ（国際連合児童基金）は「21世紀になるまでに全ての人が、健康に」と提唱していましたが、これは病気の予防だけでなく、子どものすこやかな発育・発達を支えるために体の調子を整え、発達の遅れや歪みをよりよく発達する方向に変えて、健康水準を高めようとする保健・衛生活動の大きなねらいが含まれています。

　まさにこの運動は、子どもの発達する権利を保障するために、子どもにとっての最良の環境や条件を、子どもに提供することが大人の責務である、と定められた「子どもの権利条約」の精神にのっとったものではないでしょうか。家庭で、園で、地域で、子どものすこやかな発育・発達を支援するために、子どもの食に携わる立場からの保健衛生活動を、身近なところから進めてみましょう。

1. 肥満に要注意

　子どもの味わい学習に影響を及ぼす要因のひとつとして健康状態が挙げられることはいうまでもありません。
　子どもの毎日の食に携わっている者の心構えとして、健康チェックを重視し、定期的に体位のチェックをしていますか？「食が細いので心配……」「食べる意欲がなくてひと口でも食べてもらいたいのだが……」、よく耳にする言葉ですが、順調な体重の伸びを示していれば、さほど心配する必要はありません。

　むしろ、食べすぎなどによる肥満に注意をしましょう。
　幼児期の肥満の大部分は成長とともに解消しますが、学童期以降の小児肥満は、ほうっておくとその多くは成人肥満に移行し、成人型糖尿病を発症する割合が高くなります。
　早期に正しい食事計画をたて生活リズムを確立させて、栄養・休養・運動のバランスに留意し、肥満に結び付くような食習慣を改めることを食生活の指針としましょう。

2. よい歯をどうつくるか

　歯の形成期には、バランスの良い食事をとり、よくかむことにより歯茎を鍛え、歯垢を取るための正しい歯みがきの習慣を確立することが大切です。つまり、抵抗力のある歯や歯茎をつくることが重要なのです。よい歯をつくる食べ物を、次のページの図表に示しました。
　また、一般に規則正しい生活は、よい歯を作るのにもとても重要であるといわれています。

　食事やおやつについては、良識を持った大人のサポートが必要になります。何を（質）、いつ（時間）、どのくらい（量）食べればよいのかといった学習の積み重ねが、味わいにも影響してきます。特に、おやつは、虫歯予防といった観点からも注意が必要で、大人がいかにコントロールし、サポートしていくか、十分な配慮が必要となります。

歯を作る食べ物

栄養素	タンパク質	ビタミンA	ビタミンC	ビタミンD	カルシウム
食品名	肉類、魚、卵、牛乳、大豆製品	レバー、バター、卵黄、緑色野菜	緑色野菜、果物	肝油、卵黄、バター、牛乳	小魚、葉茎類、牛乳、乳製品、海草類
必要な理由	歯の基質（土台）の材料となる	歯のエナメル質の土台を仕上げる	歯の象牙質の土台を仕上げる	カルシウムの代謝や石灰化の調節役	石灰化の材料となる

3. 家庭と園との連携によって決まる子どもの健康

　乳幼児期の食生活が、生きる、発育・発達するための原点であり、基盤であることはいうまでもありません。食生活の基礎づくりに重要な乳幼児期こそ、家庭と園が一体となった取り組みが求められます。

　園独自の「食生活カルテ」を作成し、保護者や保健衛生機関との情報交換に活用している園があります。子どもそれぞれの心身の発達や個性にあった食事の進め方をできる限り詳細に記録し、食べさせ手である保育者と、作り手である調理担当者とで、子どもを核にして連携を取る資料として常に活用されています。さらに、その実践記録をもとにして、保護者との交流を密にして信頼関係を築き、園で行なう離乳食講習会や、料理教室の活動にも生かされ、地域への「食生活啓蒙運動」へとつながっています。

　園から、子どもの食生活を中心に、その情報や成果を発信し、地域社会に今の子どもの食生活の現状を反映させて、把握させ、よりいっそうの保育環境条件づくり運動を展開している実践事例です。

4. 健康な生活リズムをつくろう

　子どものすこやかな健康を考えるとき、生活全体の中で、子どもの食事や栄養をとらえなければなりません。

　0歳から1歳児にかけて確立するといわれる生活リズムは、睡眠・目ざめ、活動（遊び）、摂食、排せつの4つです。特に、摂食のリズムと睡眠・目ざめのリズムは表裏一体で、睡眠・目ざめのどちらかに乱れがあると、摂食リズムにも影響するといわれています。

　生活リズムは環境刺激、保育・養育刺激の影響が大きく、周りからの働きかけでつくられるといわれています。育児の中で最も基本となるものはこの4つのリズムです。大人は、子どもの発育・発達状態に合わせ、励まし、体験させながら、生活習慣として定着させるように保護者とともに考え、養育していかなければなりません。

　子どもの健康を考えたとき、まずは「食事は子どもが自立を獲得してゆくプロセスである」ということを保育者と保護者がともに確認し合い、家庭と園で子どもを「共育」するという認識のもとに対応していかなければなりません。これからの未来が明るいか、暗いかは、今の子どもたちが、健康か、不健康かにかかっています。

　「自分の食べ物は自分で選べる」「自分の健康は自分で守る」ように育てるために、子どもの発達の視点で、育ちの中で、食をとおして、こどもたちに身につけてほしいことを、もう一度、考え直してみましょう。

III-1 美保先生の食育講座

⑨「人間関係」と「味わい」

　近年、大人不在の食事をする子どもの「弧食」の問題が取り上げられています。

　食事に、よい意味での緊張感がなくなってきました。それとともに、食に対する配慮や、食を共にする人への心配りも失われつつあるのではないでしょうか。

　子どもの社会性の発達の観点からも、食事は「いつ・どのように・だれと・何を食べるか」が重要なカギとなります。登園拒否は、給食・食事拒否から始まるともいわれています。

　私たち大人が、それぞれの立場でどうかかわったらよいのか、もう一度振り返って考えてみなければならない大切なときです。

1. 食べることへの発達と人間関係

　子どもは、人間関係の中で発達していきます。とりわけ乳児にとっての食事は、成長・発達の点からも本能的なものが大きく、特に、母子関係が重要な影響を及ぼすことはいうまでもありません。人間として基本的な信頼感が育ち生活の営みを覚えるこの時期に、食べることの発達について、もっと深く考え慎重に対応しなければいけません。

　「食」を通して子どもは何を知り、何を身につけるのでしょうか。

　子ども時代の食べ方は、発達と共にどんどん変化していきます。哺乳期を経て、離乳期になると介助食べが始まります。いよいよ食べる学習のスタートです。この時期には、乳児の①食べる動きに注意しながら、②食べる意欲を引き出し、③食べ物の物性（大きさ、固さ、舌触り）を伝える、といった食べさせ方の配慮が大切になります。

　また離乳後期ごろになると、さかんに手づかみ食べが見られるようになります。この手づかみ食べは、咀しゃく機能をうまく引き出すために必要な、自立食べの第一歩だと考えて対応しましょう。手づかみ食べは、子どもにとって、どう食べるかの技を育てる重要な時期です。かむことと手・指の発達は同じだと考えて、1歳半ごろまでは無理な食器は使わせないで、手づかみ主体の発達を重視し、手の機能チェックを心がけましょう。

　離乳期は、咀しゃく学習という目的意識を育児担当者がきちんと持ち、その子どもに合わせた進め方をしたいものです。そのうえで、いよいよ、食器食べのスタートです。

　まず、どんな食器を使うのか配慮が必要となります。最近のスプーンは深すぎて、子どもが上から握り込んでも、口に持っていったときに、ひっくり返らないものが多く見られます。この時期は、子どもが食器を持てることと使えることを混同せず、焦らずに、個々の子どもの発達の視点で指導してゆきたいものです。食器食べがマスターできたからといっても、自立食べにはつながりません。また、乳歯20本が生えそろうまでは、まだまだ食べ物の軟らかさ、ひと口で食べられる時間などの対応に配慮を必要とします。

こういう時期を経て、子どもは食べる技をマスターしていきます。食べることも学習の一環としてとらえ、子どもに対する我々大人の接し方も、「指導する」から「育てる」、といった観点での姿勢に改めて、進めてゆかねばなりません。その結果、自立食べが完成するころには、子ども自身が食べたいと要求し、願って、食べ物を獲得するといった姿勢が、確立されてくるのだと思われます。

食べることに新鮮な心を持つ子どもにどう育てるか、子どもと共にどんな食事感を共有できるのか、このことは私たち大人のこれからの大きな課題でもあります。

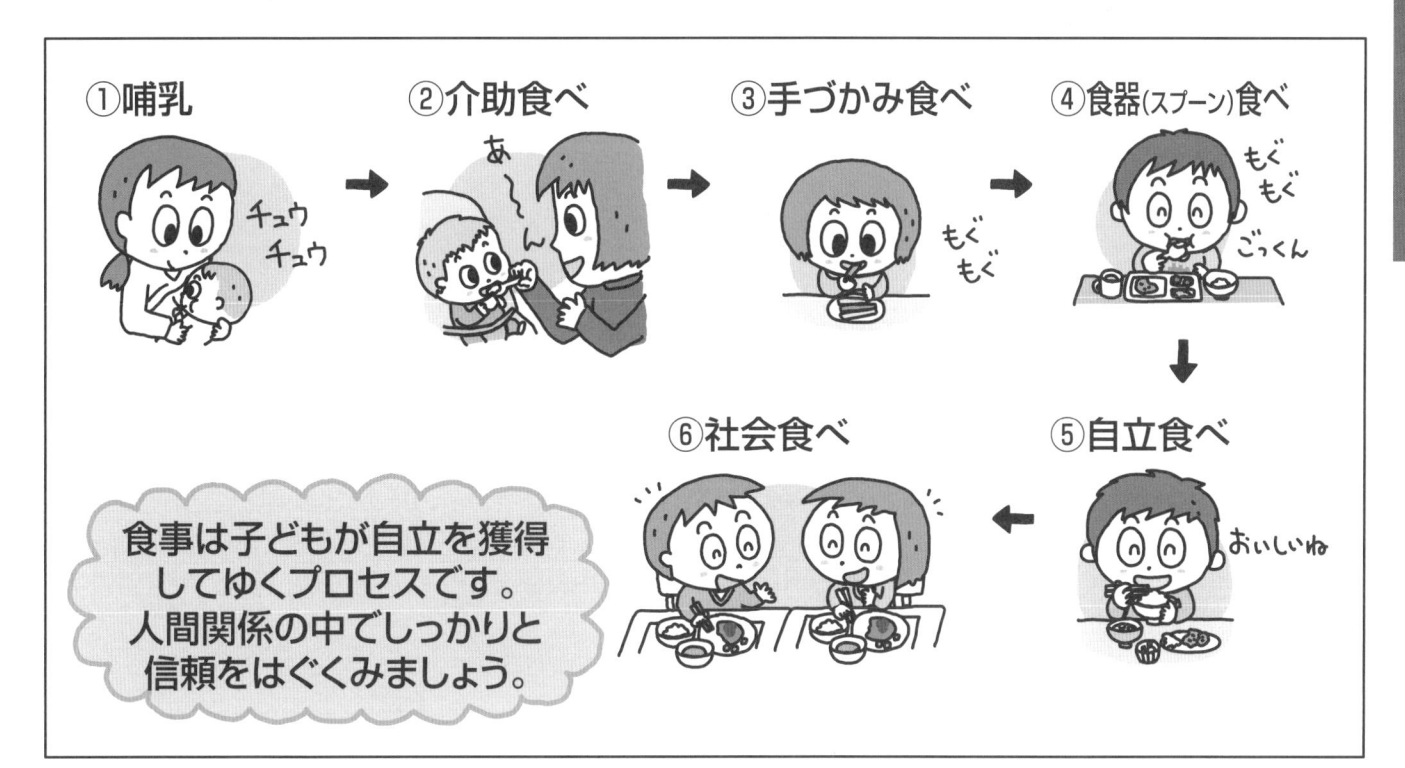

①哺乳 → ②介助食べ → ③手づかみ食べ → ④食器(スプーン)食べ → ⑤自立食べ → ⑥社会食べ

食事は子どもが自立を獲得してゆくプロセスです。人間関係の中でしっかりと信頼をはぐくみましょう。

2. 共に食べる人間関係を築くために

食事は人と人との交流を豊かにし、共通感覚、共感、親密さをはぐくみます。

家庭の団らんは、家庭の人間関係そのもののはずなのに、団らんするということの意味が理解できない子どもが増えてきました。冒頭でもふれましたが、子どもだけで食事をする孤食化が話題となって久しいのですが、最近ではさらに拍車がかかり、家族それぞれの生活リズム、スタイルに合わせて食事をとるという、「個食」も増加傾向にあるようです。

個食化が進むと、箸を使わなくてもすむ食事が多くなってきます。「朝は食べない」「昼はパン」「夜はコンビニで買ったおにぎり」。日曜日にはこんな食生活をしている家庭もあると、園での勉強会で話題になりました。

食卓の情景が、本当にさびしいものとなりつつあります。このことは、人間関係がますます希薄化している表れでもあります。それだけに、子どもとの人間関係をどう豊かにつくりだすか、意識的な努力が不可欠となってきました。幼児期、児童期を経て、子どもの孤食化傾向をこれ以上進めないためにも、まずは園が発信源となり、子どもへの食事の取り組みをとおして、荒廃しつつある食事情を改善する活動が重要になってきました。地域にどう働きかけるか、そのネットワークづくりが望まれます。

子どもは社会の宝でもあります。子どもを核にすれば、希薄になってきた大人たちの人間関係をも広がっていきます。

人とのかかわりの中で、人と共に食べ、共有する時間や人間関係を味わえる子どもに育てるために、今こそ子どもと共に、食卓を囲むことを考えられる新しい食事観を探っていかなければなりません。

Ⅲ-1 美保先生の食育講座

⑩「ことば」と「味わい」

「給食は楽しい。お友達といっぱいお話できるから」と言った子どもがいました。聴覚も使い、会話しながら楽しく食べるのが、共食のよさだといえるでしょう。

楽しい会話は、何よりのごちそうです。おいしさをストレートに表現し合い、話題を共有し合うことで、味わって食べる行為が育ちます。

食卓は、食べ物や共に食べる人の動作を仲立ちに、やり取りし合う場面の連続です。共食は、話し手と聞き手の間を行き交う言葉のキャッチボールを通して、味わう感覚を共有するなど、人とのコミュニケーション力や心を育てる手だてともなります。

子どもはやり取りの中で、生活動作や習慣、言葉を獲得していきます。そのためには、常日ごろからのことばがけと、自分の話を聞いてくれる人が側にいるなど、大人が担う役割は、思う以上に大きいものです。

1. 話す

誕生し、言葉で伝え合う生活の中で、1歳を迎えるころには、「マンマ」「ブーブー」などの言葉が聞かれるようになります。その後、「オチャ」「ゴワン」など、一語で食べ物の名前を言い、1歳8か月ごろになると「チェンチェイ、マンマ」など、二語文を使って自分の気持ちを伝えたりします。

2歳から3歳にかけ、言葉による表現が盛んになり、「イヤだ、嫌い、食べない」と、大人が手こずる場面も多くなってきますが、3歳ごろになると、話題に沿って自分の意志や要求を伝えるようになり、友達同士のおしゃべりも盛んになります。

すると手が止まり、おふざけが始まるなど、楽しく食べる行為だととても考えられず、「黙って食べて」「がんばって食べて」となるわけです。

料理を味わい、食事を楽しむ行為を育てるには、大人がおしゃべりによる「味わい」の意義を知り、幼児期に身につけるべきマナー指導の内容を精査することが大切なようです。

2. 伝える・聞く

　給食の時間に子どもといっしょに食事をすると、自分のこと、親のこと、友達のことなどを話してくれ、その子の思いや生活全体が見えてきます。

　そのうえで、食べることの役割を伝え、栄養摂取だけでなく生きていくためには社会とのかかわりが大切だということを繰り返し伝えます。また、食材の特徴や生産者の声、給食材料のことや作り方など、調理する人の思いを担当者が伝え、食べられることに感謝して「いただきます」を言いましょう。こうした食事前後の活動は、マナーを含む社会性の育ちへと広がっていきます。

　子どもの育ちを見つめ、保育者が自分の仕事を振り返り、食育活動をていねいに展開していると、子どもたちの会話や行動の質が変化していることに気づきます。

3. 感じる

　卒園式でのできごと、「僕は将来、給食の先生になります」と、最後のごあいさつをした子どもがいました。

　食が細く、いつも食べるのが遅く、残されてひとりで食べることも度々でした。そんなとき、「いっしょに食べようか」と声をかけてくれた給食の先生がいたのでした。本当はいちばん忙しい時間なのに……。

　おいしさはそのときどきの環境や体験、感情に左右されますが、味わいは人とのかかわりの中で言葉を交えながら、じっくりと育っていく行為です。

　共に話し合い共に食する場は、心を許し合う和みの場でもあるのです。

Ⅲ-1 美保先生の食育講座

⑪「味わい」を「表現」する食文化の伝承

　2009年施行の保育所保育指針の中に「食育の推進」が掲げられ、食育が保育内容の一環として位置付けられました。保育の場においても「食」の実践が定着してきたことと思いますが、関係者が思いを込めて改定した部分を、子どもの食事に接する者の心がけとして、もう一度振り返って考えてみる必要はありませんか？

　指針には、「給食」という言葉はいっさい使われておりません。「給食」から「食事」へ……と、集団としての進め方ではなく、子どもひとりひとりの発達に促した、食事のあり方、進め方を大切にしようという願いが込められていたと思うのです。

1. 食習慣を確立する

　幼児期は食習慣の基礎づくり。自分で口に入れ、かみ、飲み込むことを通じて食べることの順序を体で知るレッスン期です。介助食べから手づかみ食べ、食器食べをとおして自立食べ、社会食べへと食べ方がどんどん変化していく時期でもあります。自立を通じて得るものも多く、手・指の運動の発達や自分で食べられる自信などから、食べる意欲を育てるのに大切な時期でもあります。

　従って、子どもがどのような食べ方を体得するのかは、良識を持った大人が絶えずサポートし、どのくらい食べればよいのかを教え、生活習慣として定着させなければなりません。

　子どもの表情、しぐさなどを含めた表現から、子どもの思いを受け止め、心育て、体育ての食を演出してみましょう。うちのにおい、うちの味を子どもに伝える、そんなつながりをもっと大切にしたいものです。

　子どもの心を育てる食事といった視点からも、五感をしっかり使った食べ方を体得させるために、情報からではなく、親から子へ、子から孫へ、人から人へ、おいしいものを食べたら、おいしいと表現できる子どもに育てたいですね。

2. 食は文化を伝える

　「食べてすぐ寝たらウシになるよ」「米粒を大切にしないとお百姓さんが悲しむよ」など、私たちが子ども時代によく耳にした言葉のひとつです。食を通して自然や社会を知らしめ、子どもみずからが自分の生き方を学ぶ、社会的規範の学習の場が食卓にもありました。食の営みは生きる力。社会人として生きていく力が身につくだけでなく、人間だけが発展させてきた文化です。

　子どもは生物学的存在として生まれ、社会的存在として育つ、といわれています。家庭・園・学校・地域・社会・国といった文化の中で子どもたちは育ちます。

　だからこそ、私たち大人がもっと乳幼児期の食体験や食習慣を重視し、今こそ子どもの食事のあり方に注意を

払わなければなりません。食は人を作り、人は文化を作るのですから。

「おふくろの味」が「袋」の味となってきて、どのくらいの時を経たでしょうか。私が教える学生たちに「おふくろの味は何ですか?」と聞くと、味噌汁、煮物と共に、ラーメン、カレーライス、ギョウザという声が多く聞かれるようになりました。

保育を巡る状況が、急速に変化してきました。長時間保育に取り組む園の増加と共に、それを支える食事の在り方、延長保育での朝食、夕食、おやつの検討や取り組みに苦慮されていることも多いでしょう。

食事作りは創造する仕事、子どもの思いを受け止めて、思い描いたものを作り上げ、提供できる生活感のある保育なのです。その中に、もっと郷土色をだしてみてはいかがでしょう。

以前、全国26カ所の公立保育所給食献立を取り上げ、伝統料理及び食品の使用状況を調査したことがありました。地方独特の伝統料理を取り入れた保育所を図表に示しました。これら園での献立は地域特産物や郷土食を生かし、食文化を残そうとする意欲が感じられました。

しかし、伝統料理の使用は、全国的にかなりの割合で取り入れられ、幼児に受け入れられていたにもかかわらず、似通った料理が多く、地方独特の郷土食を地域性の高い地区が必ずしも取り入れているとは限らず、むしろ、各園の献立作成者の意図が大きく影響していることが推測されました。

何をどのように調理し、どのように食べるのかといった食習慣を繰り返すことにより、食事の様式と精神的な内容で、次世代まで伝承される食文化が定着します。

私たちが、子どもの食生活をどのようにとらえ、どんな働きかけをすればよいのか、家庭との連携を通して、食文化伝承の観点から、もう一度子どもが食事を楽しむ方法を模索してみたいですね。

伝統料理・食品使用の特色園

	料理	食品
水　戸（茨城県）	ほうれん草の納豆和え	納豆料理
葛　飾（東京都）	深川飯	のり
文　京（東京都）	菊花飯 ・ ウナギのかばやき丼 ・ 大豆入り稚魚ご飯	
甲　府（山梨県）	豚味噌ほうとう	
松　本（長野県）	野沢漬け	
富　山	金銀豆腐（たまごどうふ）	
名古屋（愛知県）	にゅうめん ・ きしめん ・ 味噌だき ・ 煮込みうどん	なまり節の煮付け
新　宮（和歌山県）	平天のつけやき	雑魚
松　江（島根県）	ワカメのにぎり ・ アゴ野焼 ・ 菜果なます	ワカサギ
高　松（香川県）	うちこみ汁（手打ちうどん） ・ あらめ（こんぶ）いり煮	うどん料理 ・ 雑魚
高　知	佃煮	かえり
太宰府（福岡県）	つみ入れ汁	
長　崎	クジラの角煮 ・ クジラのしらぎ焼 ・ チャンポン	クジラ料理
鹿児島	さつま汁	さつまあげ
那　覇（沖縄県）	沖縄そば ・ 納豆天ぷら ・ ゴーヤチャンプル へちまの味噌汁 ・ イリチー ・ ソーキ骨汁 イナムドゥチ汁 ・ アーサ汁 ・ きびなごのからあげ	きびなご ・ かえり ・ にがうり

Ⅲ-1 美保先生の食育講座

⑫豊かに「味わい」を育てる食育を

　子どもの心身の発達は、どんな環境の中で生活をして、どう活動するのかが重要なカギとなります。一般的に子どもの年齢が低ければ低いほど、体の発達は心の発達と密接に結び付いているといわれています。自我が芽生える3歳ごろから、食事場面でもかなり明確な好き嫌いが出始めることもありますが、この子どもたちの中には、食事以外の場面でもわがままだったり、困難にくじけてがんばれなかったりするケースも見られます。

　今日の日本では、ほとんどの子どもが幼稚園や保育園で集団保育を受けています。家庭と園で共育するという認識の子育てが一般化した時代です。この時代の中で子どもをよく理解して、よりよい発達を促す養育や保育をするために、どんなはたらきかけや環境づくりが必要なのか、とまどうことも少なくありません。

　フレーベルやルソーは、生きることの教育の初めに「食教育」を位置付けました。食育を進める第一歩は、やはり幼児期から家庭と集団保育の場で協力して始めることが肝要です。それは発育・発達する子どもたちに、食とは何かという基本的な知識と常識を伝えることであり、食べることが人間の体と心を作ることを体験を通じて理解させることだからです。人には唯一、食べることの学習ができます。

　この章ではここまで、味わい学習での感覚的な要因と環境的な要因を、項目ごとに述べてきましたが、これからの食育を考えたとき、味わえるだけではなく、五感をしっかり使った食べ方を体得させたいと願わずにはいられません。豊かな時代だからこそ、生活全体を視野に入れた食育のあり方が、今こそ問われています。

1. 食育の歴史と先進国の取り組み

　1970年ごろより、女性の社会進出が進展した北欧諸国やアメリカで、食育の啓発活動が始まりました。特徴的なことは、国や行政の強力なリーダーシップのもと、子どもの食生活を取り巻く家庭や学校、地域社会、産業界がうまく連携を取れる体制になっている点でしょう。また、子どもたちが抵抗感なく食の学習に対して、主体的な取り組みができるような環境が配慮されており、自立を促すゲームなどの活用も積極的に試みられています。

　スウェーデンの場合、「朝食をしっかり食べよう」「朝のうちに軽体操を」の2つのスローガンが提唱され、5つの朝食献立と手軽にできる体操が示されています。食育のテーマとしては、

①どのような正しい食べもの、あるいは誤った食べ物を食べているか
②その結果何が起こるか
③本当は何を食べるべきか

などが挙げられ、食と健康についての基本的知識を余すところなく、伝えていこうとしています。

　1980年代アメリカでは「フード・チョイス（選食）」、1990年代では「フード・ファイト（食戦）」という言葉で官民一体となった活動が展開されてきました。子どもたちに栄養の話をする前に「食べ物を見分けるゲー

ム」を行ない、このゲームをとおして、子どもたちに食べ物についての正しいアドバイスを与えます。幼児（3・4歳）に体によい食べ物を選べる姿勢を確立することをねらとしています。

食育の先進諸国での取り組みは、実践的な事例が多く盛り込まれており、我が国の今後の啓発活動を考えるうえで、示唆に富むものとなりそうです。

2. 保育・養育の中での食教育を考える

保育指針には「食指導」という言葉は使われていません。保育の観点でみれば、食事の指導は生活習慣定着の育成としてはあたりまえのことだからでしょうか。子どもの主体性を引き出す食のあり方について、給食関係者からの提案だけでなく、子どもの発育・発達に寄り添っている保育者から、もっと提案があっていいように思います。

食育の意義は、子どもひとりひとりの食事行動を自立させることにあります。自分のことは自分でできるようになる自立の基礎は、社会の一員として生きる自律のもとともなり、集団の中で生きる知識や意欲を体得することにもつながっていきます。

食べたいという意欲の形成は生きることの大前提です。「食べたい」から「よりよく食べたい」へ行動が変わっていくことこそが、食育の原点だと考えます。

食が人を作るといわれますが、私たちはもっと子ども時代の食のあり方について、研究する必要があるのではないでしょうか。

幼児へ直接働きかける食育の効果について、「エプロンシアター」を用いて検討したことがあります。

5歳児は実演中の反応はおおいにあるものの、生活習慣がすでに確立されているためか、食育後の行動に変化はありませんでしたが、3歳児ではエプロンシアターでの反応はあまりなかったものの、その後の生活実態調査結果では、食への意識と行動の変化が見られました。したがって、3歳児は食への興味が広がる時期とも考えられ、効果があがりやすく、食育を通して食習慣の定着も望めることがわかりました。

1歳児では絵合わせ、2歳児ではカルタ遊び、3歳児では絵本やペープサート、4・5歳児では軍手シアターやエプロンシアターなどを通して、幼児期の年齢別発達段階にそくした食育の媒体の検討も、今後の課題としてぜひとも必要です。

3. 終わるにあたって

乳幼児の食事は、食習慣の基礎を確立する時期で、自分で食べる練習期でもあります。介助されて食べることから、手づかみ食べへ、食器具を使って食べることから自立食べへと食べ方も変化します。自立していく過程で手、指の発達や食べ物の認知能力など得ることも多く、自分で食べられる自信につながり、みんなと食べられる社会食べへと広がっていきます。

子どもの孤食化が進んでいると指摘されて久しいのですが、「子どもの五感を育てる食事」といった視点で、家庭教育の中で幼児期からのお手伝いの体験や家族で囲む食卓など、子どもの食事環境の見直しと改善をはかる必要が、今求められています。

食習慣の確立は、子どもが自立を獲得していくプロセスであることの認識を深め、家庭と園との連携を通して、子どもが食事を楽しむ方法を模索し、食を通して何か感動することを子どもに提供していくことが大切です。子どもの食生活をいかに健康的に演出するか、まさに大人の意識にかかっているといっても過言ではありません。

子どもの五感を育てる食事

Ⅲ-2 食育実践レポート

　厚生労働省の『保育所保育指針解説書』第5章の3「食育の推進」に、""「食育基本法」(平成17年法律第63号)を踏まえ、「保育所における食育に関する指針」(平成16年3月29日雇児保発第03290015号)を参考に、保育の内容の一環として食育を位置づけます"とあります。

　その「保育所における食育に関する指針」では、「食育の5項目」がうたわれています。この5項目を、食育における大切な視点ととらえながら、ここで4つの園での実践を紹介します。これからの食育活動のヒントにしてください。

食育の5項目

「保育所における食育に関する指針」では食と子どもの発達の観点から食育の5項目を以下のように設けています。

1) 「食と健康」： 健康な心と体を育て、自らが健康で安全な生活をつくり出す力を養う

2) 「食と人間関係」： 食を通じて、他の人々と親しみ支え合うために、自立心を育て、人と関わる力を養う

3) 「食と文化」： 食を通じて、人々が築き、継承してきた様々な文化を理解し、つくり出す力を養う

4) 「いのちの育ちと食」： 食を通じて、自らも含めたすべてのいのちを大切にする力を養う

5) 「料理と食」： 食を通じて、素材に目を向け、素材にかかわり、素材を調理することに関心を持つ力を養う

出典：『保育所保育指針解説書』(厚生労働省) 第5章「健康及び安全―3―」(1) 食育の基本、コラム「食育の5項目」より

Ⅲ-2 食育実践レポート …①郷土料理の伝承を担う、園での食育

1. はじめに

　北海道から南の沖縄県まで約3500キロ、日本列島はアメリカ合衆国の南北の距離に匹敵するほどの長さを持ち、その気候と風土は実に多種多様です。その中で、狭い国土にもかかわらず、各地で多彩な郷土料理が発達し、それを受けてそれぞれの地域で、特有の家庭料理が作り上げられてきました。ところが近年になってこうした郷土料理が、家庭の食事から姿を消す傾向に拍車がかかり、郷土料理継承の場であるはずの、農山漁村の家庭でも、その傾向は顕著です。

　園での食育は、地域の産物や旬の素材を使うとともに、行事食を取り入れながら、自然の恵みや四季の変化を楽しみ、食文化を大切にして、日々の食生活にいかすことも、役割のひとつとなるでしょう。

　「これが故郷の味なんだよ」……。失われつつある「故郷の味」を保育の場で子どもに伝え、根付かせていくことが、これからの大切な食育のひとつとなるはずです。

　「食文化の伝承」を実践している調理員のお話から紹介します。

2. なぜ郷土料理にこだわるのか？
〜「食文化の伝承」を実践をしているKさんのお話から〜

　ある園の調理員Kさんは、園の食事に郷土料理をこだわって取り入れることについて、次のように語ります。

　「郷土料理には、地域の人々が生きてきた温かさがあるように思います。やせ地を耕し、現在のような土地にするまで、長い年月がかかっています。祖父は林だった山を耕し、畑にしました。幼少のころ、母親は姉さんかぶりに、もんぺ姿でいつも腰を丸めていました。田植えの時期、近所のおばさんが何人も手伝いに来て、腰を丸め競争で植えて、次の田んぼへ行きました。そのときの"おやつ"が待ち遠しかったのを、今でも覚えています。

　私たちが、今こうして生活していることが歴史であり、生きているということだと思います。その繰り返しの中から、その土地の特色が"文化"となって表れるのでしょうか。

　私は、私の故郷に息づく人々をこよなくいとしく思っています。そうした人々とより豊かに生きたいと考えています。そのためには、昔から伝わる風土に適した郷土料理を大切にし、その思いを、次代を担う子どもたちやその保護者に少しでも、給食を通して伝えていけたらと思っています」

　食事作りは創造する仕事です。子どもの取り組みにしたがって、思い描いたものを作り上げられる大切な仕事です。子どもに本物を与えることで、子どもからは、正しい要求があります。まさに、「食」は人を作り、人は「文化」を作る、とはこのことでしょうか。

　郷土料理の伝承には、大人が「思いとねらい」を持つことが、重要なポイントのひとつであることを、Kさんから学んだように思います。

次のページへ続きます

食育実践レポート…①郷土料理の伝承を担う、園での食育

3. Kさんの取り組み

①保護者といっしょに！

保護者会などで、食べ物についての話をする機会や郷土食の調理実習の機会を持っている。

②子どもたちへのお話

昼時に子どもたちへ、献立の説明や食材、行事や郷土食の話をしている。

③食育だよりで……

給食だよりでも、地域特有の農耕にまつわる行事と食べ物との関係を子どもたちや家庭に伝えている。

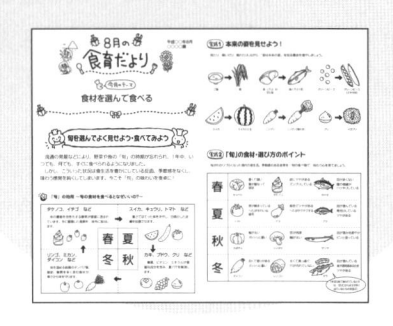

※園のみんなで……

調理員という立場で、いろいろな取り組みを試みているが、それを応援し、理解してくれる保育者との、良好な人間関係がそこにあり、とても感謝している。

4. まとめ

　郷土食は、行事を通して、家庭や地域の中で守られてきました。そこには、家族のかかわりや地域とのかかわりが見えます。「ただ郷土料理を作るだけでなく、知るだけでなく、先人たちの思いや祈りもいっしょに感じてほしい」と、Kさんがしめくくられた言葉は、重く心に残るものでした。

　郷土料理は、子どもたちの心と体を、より豊かに満たしてくれると考えます。食文化を見直し、後世に残す努力を惜しまず、日々の生活に生かす知恵を、大人ひとりひとりが持ち続け生かしたいものです。

　食は文化を伝えます。文化とは生き方そのものです。食の営みは生きる力、人間だけが発展させてきた、文化そのものなのですから。

Ⅲ-2 食育実践レポート …②環境と食育 〜ランチルームの効用を知る〜

1. はじめに

　国民の生活水準が向上し、食生活は一般的には豊かになったといわれていますが、一方では不規則な食生活が送られ、偏った食事のあり方からくる栄養のアンバランスも見られ、大きな社会問題を引き起こしている「キレる子ども」の増大に、食生活が関係しているのでは、と警告する研究者もいます。

　また、社会の変化に伴い家庭のあり方も変容し、子どもを取り巻く食環境が大きく変わり、その結果、孤食や欠食などから起こる、子どもの心身への影響も見過ごせません。生活リズムの乱れや健康面での問題も指摘されており、今こそ、食育を通した、子どもみずからが生きる姿勢を培うための取り組みやその実践活動が、ますます重要になってきました。今後、幼児期からの全人的な人間形成を図ることを重視した、食育活動を行なうことが望まれています。

　そこで、ある園の「子どもの生活時間とランチルーム」を紹介します。

2. ランチルームの環境としての意味

　子どもたちにとってよりよい環境の設定は、「家庭生活に最も近い環境を園での生活に取り入れること」との園の保育方針に沿い、例えば、「午睡する場所」と「食事をする場所」を別にしています。ランチルームの使用も、保育の取り組みの中で実施されていて、子どもの発達保障の原点であるという方針に基づいたものでもあります。

　また、「家庭生活により近い環境を、子どもたちに提供できるように」といった配慮から、厨房とランチルームとは、カウンターを挟んで隣接しています。したがって、食事を作る人の姿や素材が調理されていくようす、調理する音や香りを身近に感じることができます。

　ランチルームから見える、給食を作っている姿は、まさに家庭でお母さんが食事を作っている姿でもあり、ごくしぜんに、給食担当者との会話ややりとりをしているようすがうかがえます。

　1日の中で目覚めている時間のほとんどを、園で過ごしている子どもたちが、無理なく過ごせるための雰囲気や環境の工夫に、保育者の保育観や食事に対する価値観が感じられ、そこを見通した取り組みや働きかけの事例に、さらなる期待が寄せられます。

3. ランチルームの活用について

①昼食時間の設定

　ランチルームを活用するにあたっては、家庭生活の時代背景を常に意識し、その変化に沿った柔軟な対応ができるように心がけているそうです。

　例えば、園での生活時間が長時間化され、子どもの登園時刻も、早朝7時から9時過ぎとまちまちです。したがって、家庭でとる朝食時間も異なり、ひとりひとりの生活リズムが違っています。それらのことを考え合わせると、登園時間の差は、そのまま園での食事時間の差となり、今までのように、給食時間を一斉に12時にとる、といった固定観念は見直し、改善する必要があると考えたのだそうです。

　昼食時間は、11時15分から13時過ぎまでと幅を持たせ、ある程度同年齢で食事がとれるようには設定していますが、その日の子どもの健康状態や、家庭での朝食時間に合わせた柔軟な対応をしています。それには、保育者と厨房との連携も重要です。何時までに食器を下げないと次の準備ができない、休憩が取れないなどということについて、給食担当者の意識改革が求められます。

　「給食も子ども中心に考えて対応し、取り組んでいくことが大切」といった姿勢こそが、次代を担う子どもたちに望ましい食環境を提供する、食育の取り組みそのものだということを、この事例を通して学んだように思います。

次のページへ続きます

食育実践レポート…②環境と食育 〜ランチルームの効用を知る〜

②待たせない配膳の工夫

よく、子どもたちが着席した後にセットをし、全員が席にそろうまで食べさせない、食べられないといった光景を目にしますが、子どもの食事は、食べたいときが本当の「いただきます」をするときだとの考えから、先にセットをしてから席に着かせ、すぐ食べ始められるような工夫をしています。自由、放任、好きかってにということではなく、個別に食事のマナーを教え対応したり、ある程度の時間を見計らってことばがけなどをしたりしています。

③お楽しみ給食

月1回の幼児完全給食日に実施します。子どものすこやかな発達を保障するためにも、保育内容と給食の取り組みは、関連したものが好ましいとの考えから、保育者を含めた献立会議で内容が決定されます。今夏は、海ランチ（フルーツポンチやゼリーなどを取り入れ、涼しげな音楽を流し、海を演出する）、秋には、栗ランチ（戸外遊びをたっぷりした後、栗ご飯を中心とした給食から、食欲の秋・スポーツの秋を演出する）などを実施しています。

④クッキングコーナーの活用から

ランチルームの中に、子ども用の簡単にできる調理コーナーがあり、保育の取り組みとして、年長児がクッキングをしたり、その日のおやつ作りをしたりすることもあります。

ごっこ遊びから始まり、模倣を通して、本当のおやつ作りをするようになりました。おやつを作って、複合施設デイケアーの高齢者にプレゼントしたり、いっしょにサロンで茶話会をしたりと、保育の中での生活に、変化を持たせる工夫も大切にしています。

⑤おやつの設定

日々の生活時間の流れで、給食の時間に幅を持たせていますが、おやつはそれぞれの発達に合わせて、与える時間の調節をし、1日の生活時間の変化に合わせて、柔軟な対応をしています。お迎え時間が全体に遅くなっている現実に合わせ、おやつの時間も15時30分過ぎからが、普通となってきています。したがって、食器を下げる時間が16時30分を過ぎることも多々あり、それから洗浄をして、整理整とんをしていくという状況です。

しかし、子どもの生活時間を中心に、園全体の職員が協力体制を作り、適切な役割分担をして、保育の取り組みに配慮しながら進めていくことを大切にしています。

4. 園長先生のお話から

子どもの発達に視点を当て、保護者の要求に沿ってどう取り組むのか、園と家庭がよいバランスをどう図ったらよいか、今その見極めが大切なときです。

子どもの育ちを「家庭と園で共有するため」に、家庭での子どもの姿を知りたいと思い、保護者に、園生活での子どもの状況や情報をオープンにしました。そうしたら保護者が変わってきました。人と人がお互いに感じ合って気づくことがいかに大切かを、学びました。今度は、保護者がこんな気持ちで子どもを育てたんだという記録（あかし）を、出してもらいました。それを保育の中で生かすために、保育に占める食育の重要性を理解し、家庭生活により近い環境を提供できるような、子どもの食事についの実践を重ねていきたいものです。

5. 主任保育士のお話から

　保育時間の延長なども踏まえて、子どもたちの環境が変わりつつある中、保育者自身も柔軟に対応していく姿勢や見極めが大切です。

　子どもの総合的な育ちの中で、子どもの発達に合った、年度途中のクラス移行は、食事や遊び場面でも取り入れています。

　乳児保育のウエートも高くなり、離乳食の初期から完了、そして普通食移行までの約1年における保育者の姿勢やかかわり方が、その後の発育、発達へ大きな影響を及ぼすことを考えると、子どもを核にした職種間の連携が、いかに大切かを痛感します。また、個から集団へ、少しずつ友達との楽しさもわかってきた年齢での、楽しめる食事や環境づくりは、保育者のアイディアを基に、チームで柔軟に対応することが重要になります。また、家庭でしつけが行なえないでいる現実を考えると、発達や年齢に合わせた食育は、園での生活を通した取り組みとして優しく教えてあげると効果が上がります。

6. ランチルームの活用から見えてくるもの

　ランチルームを活用した給食の取り組みについては、施設の状況や利用形態によって多少の違いはありますが、園と学校や家庭・地域との連携から見ると、小学校との交流給食会や地域での親子給食、さらには高齢者との招待給食など、さまざまな工夫を考えた取り組みや、幅広い実践活動が実施されています。

　また、ランチルームでとる食事は、楽しい雰囲気が演出でき、しかも、準備や後かたづけが能率よくできるために、異年齢や同年齢の友達と会食することによって、豊かな人間関係をはぐくむ場ともなります。

　食事の環境づくりを工夫することは、子どもの食行動や食習慣の形成、情緒や社会性の発達、さらには健康増進などによりよい影響を与えます。幼児期からの全人的な人間形成を図ることを重視した、食育活動の取り組みとして、できるところから、各園での食事の環境を考えていきましょう。

III-2 食育実践レポート …③楽しい食事について考える ～「食と人間関係」にも通じるものとして～

1. はじめに

『保育所保育指針』第5章の3「食育の推進」の(1)に「子どもが生活と遊びの中で意欲を持って食に関わる体験を積み重ね、食べることを楽しみ、食事を楽しみ合う子どもに成長していくことを期待するものであること。」とされました。幼稚園教育要領では、第2章「ねらい及び内容」の健康－2「内容」の(5)に「先生や友達と食べることを楽しむ。」とされています。

旧指針でも"楽しんで"の記述はされていました。

保育者を対象にして行なった聞き取りでは、食事をとる場所を変えたりバイキング方式にしたりして、楽しい食環境づくりを心がけてはいるものの、「楽しい食事、意欲を育てる食事とは何か」「子どもにとって、心を育てる食事とは何か」「意欲は発達段階でどのように育っているといえるのか」など、食事の取り組みについて、混沌とした思いをいだきながら、食育を実践していることがうかがえました。

そこで、「友達といっしょに楽しい食事―バイキング形式から―」という、ある園の実践を通して、子どもにとっての「楽しい食事」とは何か、保育内容の取り組みから探ってみることにしました。

2. バイキング形式を始めるにあたって

この園では、特に4・5歳児には、野外生活や自然に親しむ体験が、数多く保育内容の取り組みとされており、しぜんな生活の流れに沿って、バイキング形式での食事も始まったようです。

この形式で食事をとっているのは、4・5歳児です。子どもは、十分に遊び切ってから食事をとると、遊びにも満足感が得られ、食事も安定した気持ちで迎えられるのでは、と職員間で話し合い、この形式での食事がスタートしたようです。保育者は、子どもの遊びのようすや生活の流れを見ながら、スムーズに食事に移行できるように食事環境の設定や、ことばがけを大切にしていました。

●子どもひとりひとりの生活習慣定着を目ざして

食事の時間は1日の保育時間の中でもっともくつろげる時間のひとつと考え、落ち着いた雰囲気で食事がとれるように物的環境の構成や整備にも配慮が施されていました。音楽が流れ食卓のテーブルクロスの上には園庭で育てたお花が飾られ、アットホームな雰囲気が演出されています。

また、子どもひとりひとりのリズムに合わせ、しぜんな生活の流れの中で、遊びから食事へのスムーズな移行は、子どもの生活習慣定着の視点からも、重要な課題のひとつとして、保育者が常に意識して取り組んでいる点です。さらに、そういった実践の中で、強制的な言葉を使わないようにも心がけていました。

まさに生活の中で、子どもがしぜんに生活習慣として定着するような、食育のあり方を見たように思います。食育は、保育者の保育観や食事に対する価値観が基礎にあって、そこを見通

した働きかけや取り組みが重要になります。食育はどうあるべきなのかが、この事例を通して見えてきました。

自分のやりたい遊びをやり切った子どもたちは、着替えをしたり、手洗いをしたりして、食事の準備に入ります。実に、しぜんな流れの中で、子どもひとりひとりが食卓につき、食事の開始時間を待ちます。その場には、「満足感」や「開放感」そして「明るさ」がありました。どうやらこのあたりが、子どもにとっての「楽しい食事」といわれる理由であるように思われました。

3. バイキング形式の食事から、食育の効果を知る

子どもみずからが、自分の意志で、健康や栄養・食品のバランスを考えて食事を選べるようにするためには、事前・事後の指導が大切です。それには、栄養士や担任保育者が子どもたちへ情報を提供する、食育のあり方の工夫が望まれます。

また、飽食の時代だからこそ、食育を通して、子どもの発育・発達を観察し、その実態を把握して、子どもの食生活を健康的に演出する姿勢が求められます。

この園では、まず、栄養士の作った「ひとり分の盛り付け量のモデル」をもとに、その日の食事の主菜や副菜を、子どもたちが自分の食べられる量を考えて、皿に盛り付けていきます。

①子どもの運動能力の発達を知る

「自分で盛り付ける」という行動は、子どもたちにとってはかなり難しく、「よそう感覚」を身につけるには、大人が考える以上に子どもたちなりの葛藤やもどかしさがあるようです。子どもたちには、「はさむ」「つかむ」といった動作は難しく、指にうまく力が入らず、手のひら全体でつかんでしまうケースも少なくないようです。また、スープ類を器に盛ることも、こぼれないようによそうためには、おたまじゃくしを持っている手に全神経を集中させて盛り付けなければならず、子どもたちの表情は真剣です。手先や指の繊細な運動を引き出し、目や手と指の協調性を養うためにも、こういった取り組みから、子どもひとりひとりの手指機能など運動能力の発達を知ることは、取り組みの内容を考えるうえでも、非常に重要なポイントです。

全神経を集中させて「よそう感覚」を身につける

食育実践レポート…③楽しい食事について考える ～「食と人間関係」にも通じるものとして～

②子どもの思考や認知能力の発達を知る

　数や量の感覚は、体験を通して身につけていくケースが多いようです。例えば、盛り付け例をひとり分見ながら、子どもの「何?」「いくつ?」といった問いかけに、保育者はさまざまな対応をしています。食材当てクイズをしたり、いっしょに数をかぞえ、子どもひとりひとりの状況に合わせ、食べ切れそうな数にして、自分の食べる量や質を知らせています。5歳児になると、量を感覚としてとらえられるようで、必要以上に多く盛り付けたり、ほかの人のことを考えないで盛り付けるといったことは、この園では見られませんでした。

　しかし、最近の傾向として、自分の食べ慣れていないものは、口にしない子どもが目だち、特に、手の込んださまざまな食材が混ざったようなおかずは、受け入れられません。子どもがどのような味をどう認知するのか、食事指導をするばかりでなく、味覚の発達過程も、認知能力との関係から、その発達プロセスを探っていきたいものです。

③子ども同士の仲間関係を知る

　「同じ釜の飯を食った間柄」と昔からいわれるように、給食は子ども同士の人間関係の強化につながる、重要な食事形式のひとつです。人間関係の希薄化が指摘されて久しいですが、食卓を囲む子どもたちの仲間関係の広がりを、観察していますか?

　この園では、保育室が開放的になっているので、ほかのクラスの子どもと共に食べたいときは、違うクラスでいっしょに食事がとれるようにもなっています。

　自分より歳下の子どもたちが、よそっているのにかかわったり、ほかのクラスにお代わりをもらいにいったりしながら、ほかの子どものようすを子ども同士でよく観察しているようです。そんなときの子どもたちの会話に、注目してみましょう。「……ちゃんはいっぱいよそった」といった表現や、「でもぼくはがまんする」といった自己抑制など、仲間との間で積む体験は、子どもたちにとって、その後の人間関係を築く大切な資源となりうるのですね。

　盛り付けたおかずは各自プレートで運び、持参した主食と共に食します。食事中の子どもたちの話題はさまざまで、保育者が「もう少し静かに食べよう」と声をかけてしまうほど、にぎやかです。この声の多さ、大きさ、人なつっこさを考えると、子どもにとっての楽しい食事とは、前述の「明るさ」「開放感」「満足感」に加え、自分で考えて盛り付けたものを、仲間と共に全部食べ切る「達成感」も、大きくかかわってくると思われます。

4. 自分で選んで食べることから「楽しい食事」について考える

　幼児が主体的に自分で選んで食べることを通して、食事に関するみずからの能力や技術を身につけていくことは、生涯にわたって自立した生活を送るための、重要なポイントのひとつです。

　したがって、バイキング形式の食事に取り組む場合は、子どもひとりひとりの発達段階を観察し、能力に応じた保育内容を検討する必要があります。それには、事前・事後の準備や指導が大切で、各園それぞれが無理をせず、やれるところから取り組みやすい方法で、進めていくことが肝要です。

　この事例の「楽しい食事」を通し、食育の効果について考えてみました。

①自分で考え盛り付けて食べるという活動は、小さな責任感から達成感を味わう体験となり、その結果、子どもたちに食べる意欲が身につきました。さらに、友達と共に食べることで、よりいっそうの楽しさを味わい、和やかさと集中力が付いてきました。このことは、生活習慣定着の観点からも、非常に意義深いことです。

②食べ物と食事の関係を知らせるための、事前・事後の指導を、保育内容の中で計画的に検討しすすめています。例えば、園庭で「作った」野菜を「食べ」、食べた後「かたづけ」をするといった取り組みです。ごくあたりまえのことのようですが、子どもたちが、しぜんな生活の流れの中で、食事の意義やプロセスについて学んでいくことは、発達の視点から見ても、非常に重要なことです。

③自分の身体作りのための食事のとり方や、食べるための技術能力を身につける、子どもの主体性を引き出すような食育は、子どもの仲間関係の中で育っていました。

　食育の効果を急ぐあまり、子どものそのままの姿を見落としていませんか？

　子どもは「楽しい食事」を通し何を身につけるのでしょうか。まず、その点をしっかりと子どもの発達の視点で押さえる必要があります。それには、子どもの生活を「観察」し、そのしぜんな流れの中で子どもの「背景」を知り、そして「対応」していく姿勢が大切です。この事例での、子どもたちの姿と保育者のかかわりを通して、子どもにとっての「楽しい食事」のあり方について学びました。

　ここでは、保育者と子どもとのかかわりについて紹介しましたが、次項では、子どもの仲間関係の中で育つ食育について考えていきたいと思います。

Ⅲ-2 食育実践レポート …④「心を育てる食事」を学ぶ ～「食と人間関係」にも通じるものとして～

1. はじめに

　食事の時間は、子どもたちにとって1日の生活の中で、節目となる時間でもあり、園では午前中のさまざまな活動から解放され、午後への活動に向けて気分転換を図ったり、情緒の安定やけじめを生み出すことのできる大切な時間でもあります。また、「食べる」という人間にとってもっとも基本的な欲求を満たす心和む時間は、好ましい人間関係をはぐくむ場ともなります。

　この時間は、子ども同士や保育者と子どもとの触れ合いのときでもあり、保育者にとっては、子どものそのままの姿が観察できる場でもあります。そういった観点から、子どもの育ちに沿って、園での昼食をより効果的に提供していくための、食育プログラムやその内容が検討され始め、それぞれの園においても、実践活動が進められています。しかし、その評価を急ぐあまりに、その対象となる子どもたちの心と体の発達について理解された食育プログラムが少ないようにも思います。

　子どもの心を育てる食事とは一体どのような食事なのでしょうか？　今そのあり方を探ることが急務だと思われます。それにはまず、心とは何かを考える必要があります。そして、そこから食育を進めるにあたっての留意すべき基本的な事柄を押さえて、実践、活動しなければ効果は望めないでしょう。

　子どもの「心を育てる食事」とは何か、保育内容の取り組みから探ってみるため、ある園の事例を見ていきましょう。

　この園は1階に大ホールがあり、その周りに保育室と給食室があります。大ホールの半分がランチルームとして使用され、残りの一段高い舞台スペースでお昼寝をします。したがって、「食べる場所」と「眠る場所」、「活動の場所」が分けられています。

　調理員と給食室専従の保育者ひとりで対応しています。給食室専従保育者が、当番活動の指導にもあたり、食育も行なっています。入所園児のうち、低年齢児を除いて3歳児36人、4歳児25人、5歳児24人が給食の当番活動を行なっています。その活動は4・5歳児が中心になり、3歳児は見習いということで、伝統的に行なわれています。

2. 保育と食育の融合の好例として

　この園での取り組みは、まさに、保育と食育が合致したものです。それは、次に紹介する「保育の基本構想」を知り、納得できました。

①幼児期の教育は、日常生活を通じて行なわれる
　1日の流れを、活動と休養のふたつの調和をとりながら、幼児の生活に合った楽しい雰囲気の中で、子どもひとりひとりが安定した情緒を保ち、集団生活の約束を守って、各自の持てる力を精いっぱい出せるように保育を進めていく。

　集団生活の中ではぐくまれるものの実践活動のひとつとして、当番活動に重点を置く、とさ

②**当番活動によって、智・情・意の3点を学ぶ**

「智」とは、物と数の対応。テーブルクロスの敷き方、畳み方、食器の置き方などさまざまな経験によって知ること、としています。

「情」とは、5歳児が、3・4児をいたわり、教えたり、お互いに協力して、美しい食卓づくりに励むことによって、仲間のために役にたつことができた喜びを味わうこと、としています。

「意」とは、前向きに物事を考えること。例えば当番活動の中で、「誕生日のときは、花を飾ればいい」とか、「テーブル掛けは、折り目を真ん中に持っていけば、きれいに掛けられる」など、子どもみずからの体験の中から探索し、発見していくこと、としています。

まさに、保育内容と食事の取り組みが融合していました。園長先生が「保育は生活です」と言われたとおり、生活とは、生きて活動することであり、その営みに必要な衣・食・住という基本的な生活習慣の確立です。その習慣は、幼児期に定着させておくことが肝要です。生活を通して子どもは自身の情緒を安定させ、意欲や根気を身につけ、社会の一員として生きていくための自律を獲得するのです。

まさにこのプロセスこそが「心を育てる食事」の原点ではないかと感じました。

食育実践レポート…④「心を育てる食事」を学ぶ 〜「食と人間関係」にも通じるものとして〜

3. 給食当番活動から、食育の効果を知る

　当番活動は、ただ課せられた仕事をするということだけではありません。教育的な意義が深いことは、周知のとおりです。特に、幼児期は、基本的生活習慣が定着していくように、毎日の基本的な生活の仕事の積み重ねと、がまん強い保育者の指導のあり方が重要となります。それには、保育者が子どもたちの性質を知り、行動を観察し、生活習慣として身につくような取り組みを、考えることが重要なポイントになります。

（1）準備をする

　午前11時に集まった当番の子どもたちと保育者は、食卓作りをするための打ち合わせをします。身じたくをし、マニュアル（**イラスト①**）に沿って、布製のテーブルクロスを広げ敷いて、その上にビニールを掛けます（**イラスト②**）。台ふきんでテーブルをふいてから（**イラスト③**）、食器を並べます（**イラスト④**）。この作業でひじや手首、手のひら、指先を使います。また数を確認して、はしの置き方や食器の配置を学びます。

　また、配膳をする（**イラスト⑤**）ことにより、気持ち良く食事がとれる環境づくりへの工夫が身につき、人のために役だつことを体験します。

　当番の役割を、5歳児は4歳児に教え、3歳児は見るという体験をしながら覚えていきます。

（2）会食をする

　チャイムの合図で、全員が食卓につきます。保育者からの今日の献立と食材の説明、3色の食品群を使った簡単な栄養のお話を聞きますが（**イラスト⑥**）、子どもたちはその言葉にじっと耳を傾け集中します。見事なまでのけじめの付け方で、静と動のメリハリに感動しました。

　それから楽しくにぎやかな食事の始まりです。

（3）後かたづけをする

　かたづけマニュアルに沿って後かたづけをします。各自で、食器はペーパーでふき取り、油っ気や汁気を落としてから、テーブルの中央にはしなどとまとめておきます。それを当番が重ねて、ワゴンまで運びます。食事の後かたづけやテーブル掛けを畳む経験を通し、指先に力を入れる動作がスムーズになったようです。身じたくで使用した割烹着や帽子を畳み（**イラスト⑦**）、台ふきんを洗ってケースにしまいます（**イラスト⑧**）。反省会をし（**イラスト⑨**）次のおやつの食器などの確認をしてから、給食当番活動は終了します。

　当番活動は、全員で協力しなければできないため、がまんして最後までやり通すことを覚え、子どもは自己抑制や根気を、自我の発達と共に身につけていきます。まさに、食事の前後のあり方も含んで、「食事は子どもが自律を獲得していくプロセスである」ことを実感せずにはいられませんでした。

　また、その際の保育者のかかわり方は、指導監督というよりは、母親の温かさを感じ、生活の中で子どもに寄り添い、やる気を起こさせ、達成感を味わわせるような接し方でした。

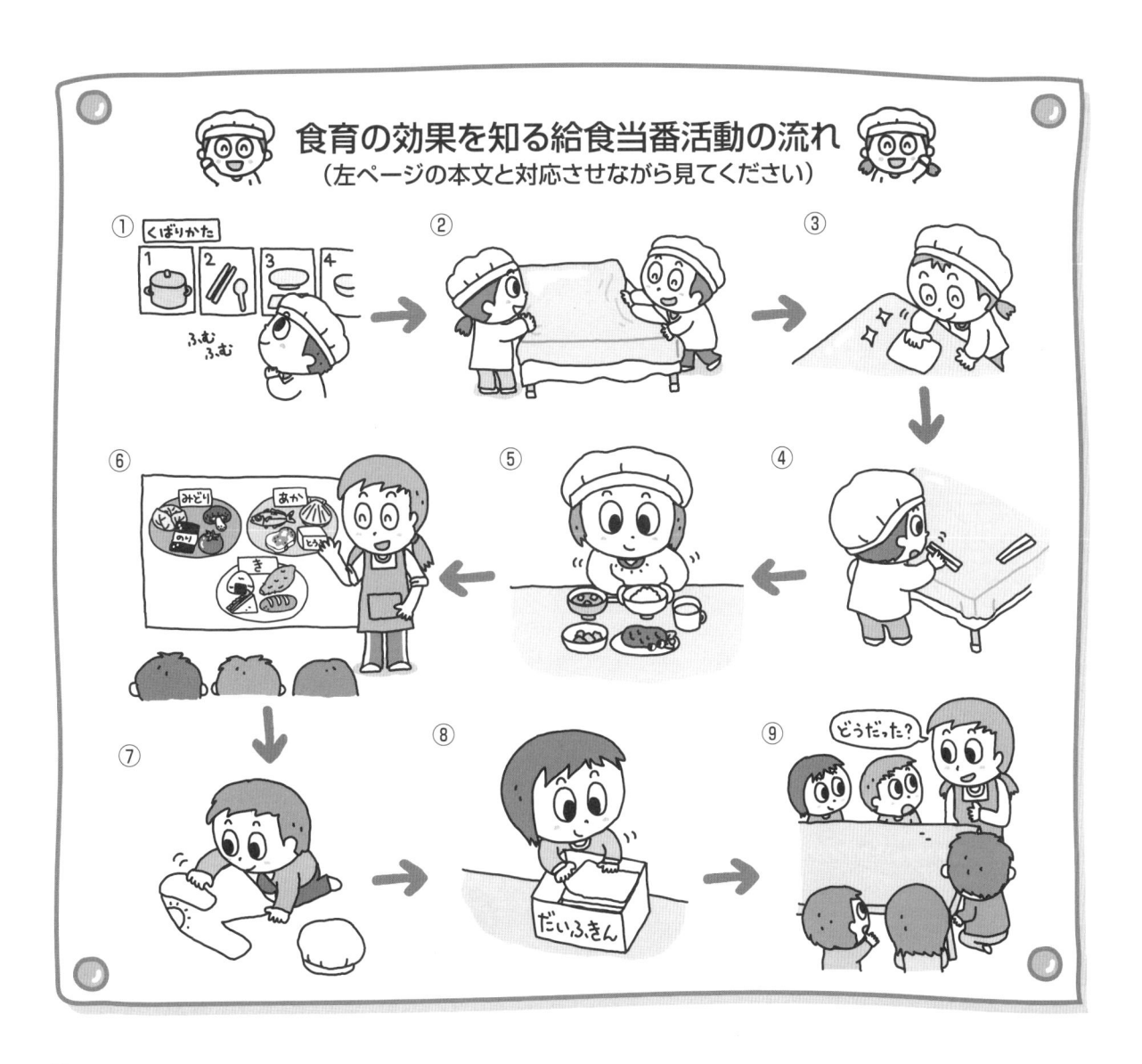

食育の効果を知る給食当番活動の流れ
（左ページの本文と対応させながら見てください）

① くばりかた ふむふむ
②
③
④
⑤
⑥
⑦
⑧ だいふきん
⑨ どうだった？

4. まとめとして ～当番活動から「心を育てる食事」について学ぶ～

　心を育て、生きる意欲に満ちた主体的な活動を子どもが身につけるには、多くの体験を通じて、楽しさや達成感を体得できるプログラムの設定が求められます。この事例での当番活動からは、自分の体を動かし「人のために働くことの楽しさ」も伝えようとする、保育者の意図を感じました。この事例は「心を育てる食育」とは？　という問いへの、ひとつの答えでしょう。

【附録①】食育をうまく保育に取り入れるコツ

……よく読んで、保育に食育を取り入れましょう！

「園でなかなか進まない……」ときは？

クッキングや栽培が、それだけの「単発イベント」になってしまっていませんか？
園全体として取り組んでいなくてもだいじょうぶ！

まず、あなたのクラスの指導計画に取り込んでみてはどうでしょうか。給食であれ、お弁当であれ、必ず園での「食」はあります。担当する年齢は、何歳児でしょうか？

※まず、本書の第Ⅰ章を見てください。
　そして、下記のような順番で取り組んでみましょう！

❶ 0〜5歳児の見通しを

P.10・11の表を見てください。担当する年齢を中心に、0〜5歳児の見通しをイメージしてみましょう。
いわば、これは「保育課程」です。

❷ 年の計画から

担当する年齢の「年の計画」を見てみましょう。
例えば、あなたが3歳児の担任なら、P.18・19を見ます。1年間を見渡して、3歳児における発達の見通しの中で、何を取り入れるとよいかを考えてみましょう。

❸ 月週・日案から

続いて、月週・日案です。P.28〜51に1年間分を掲載しています（3・4・5歳児）。
❷の「年の計画」を念頭に置いて、自園のあなたのクラスの子どもたちにおける状況の中で、何から生かせるかを、この本を手にした「月」から（例えば5月に手にしたなら、6月＝P.32・33を）見てみましょう。
いつもの保育に食育をどう生かせるかが見えてくるかと思います。

続けて取り入れるコツ

◎ ❶〜❸と見ていくと、保育の中で続けて取り入れられる活動が見えてくると思います。右ページも参考に、食育が保育として、ごくしぜんに取り入れられるようにしていきましょう！
◎ もし「食育計画」がなくても、いつもたてている月（週・日）案に、何かひと言でも取り入れていくとよいでしょう。
◎ 第Ⅰ章の4には、ほとんどの園で行なわれていそうな「食」がらみのイベント時の日案があります。食育を考えての計画立案のよい参考になります。
イベント・行事の際は、日案レベルから、食育的な「ねらい」「内容」「環境構成」「援助・配慮」を考えると、取り組みやすくなります。

子どもの発達に沿った食育を展開するためのワン・ツー・スリー（ステップ⑩まで）

ワン① 進め方を考えよう！
～計画を作成して進め方を考える～

ステップ❶
- ●子どもや家庭、地域の実態を把握する（アンケート調査、聞き取り調査など）

ステップ❷
- ●会議で意見や情報交換をする
- ●思い浮かぶ事項や、子ども・家庭のようすを出し合う

ステップ❸
- ●育ちの課題を把握し、整理する
- ●活動のねらいを明確にする

ステップ❹
- ●「ステップ①」「ステップ②」で抽出した課題から、保育目標に食育の視点を組み込んで、ねらいをたてる
  - a. 子どもへの保育目標…生命の維持と情緒の安定、5領域を踏まえ、組み込む
  - b. 家庭への保育目標…保護者支援の専門家としての援助のあり方などを踏まえ、組み込む

ステップ❺
- ●保育の計画に食育の視点を取り込み、基本方針をたてる
- 【ねらい】
  - a. 育てたい子ども像を明確に示す
  - b. 身につけたい心情、意欲、態度を示す
  - c. 保護者支援のあり方を組み込む
- 【位置づけ】
  - a. 養護の充実（生命の維持、情緒の安定）
  - b. 教育の充実（5領域の観点から）
  - c. 小学校との連携（発達、学びの連続性）

ステップ❻
- ●6年間の発達過程を見通して、ねらいと内容の系統化を図る
  - a. 保育所保育指針や各園の状況に添い子どもの発達特性を把握する（手指機能、人間関係、言葉、遊びなど）
  - b. 園生活を4期に区分し、クラス（年齢）ごとに年間を通した計画を作成する（P.12～23参照）
  - c. 活動の（月週・日案）計画を作成する（P.28～51参照）

ツー② やってみよう！
～園や地域の特徴、近隣住民のニーズを把握し、活動を展開する～

- ●食育を子育て文化として展開する。
  育ちを祝う行事食や郷土料理、食材など
- ●家庭や地域の「食生活」改善を図る。
  栄養や食生活情報を提供（おたよりの活用）

ステップ❼
- ●記録する（観察法、ビデオや録音、メモ、記録紙、製作物）

スリー③ 次への生かし方を考えよう！
～活動の結果を分析し、評価する～

- ●「計画」を見直し、点検する会議を開く
- ●「記録」（メモやビデオなど）を分析する
- ●活動を振り返る（評価ポイントを通して活動を判定する）

ステップ❽
- ●食育の計画や活動の自己評価をする
  - a. 子どもに関すること…
  - 【量的評価】……身長、体重などの身体発育、言葉の発達など
  - 【質的評価】……興味や関心、意欲、行動の変化など
  - b. 保育者に関すること…
  - 【活動の妥当性】……援助や指導のあり方
  - 【連携の図り方】……家庭や地域、小学校
  - 【地域への発信】……おたよりやホームページなど
  - c. 職員の資質に関すること
    - ・連携の妥当性（学び合う体制づくり）
    - ・会議の持ち方、生かし方、進め方など

ステップ❾
- ●更に前進へ向け、問題や課題を出し合う

ステップ❿
- ●家庭との連携を通し、「食育」は生涯学習の一環であることを認識し合う

★園としては……
- ★保育者がみんなで、現状や問題点を話し合う
  ↓
- ★保育の中での「ねらい」として取り入れる
  ↓
- ★発達に応じた「食」の活動・経験の「内容」を、子どもが楽しめるものとして考える
  ↓
- ★保育者ひとりひとりが、反省・評価をし、それを持ち寄って、次へと生かす

※子どもの発達に応じた「ねらい」を設定し、毎日の食事を通して楽しく身についていくようにしましょう。

附録① 食育をうまく保育に取り入れるコツ

【附録②】食育イラスト集 ……コピーをして、おたよりなどで活用しましょう！

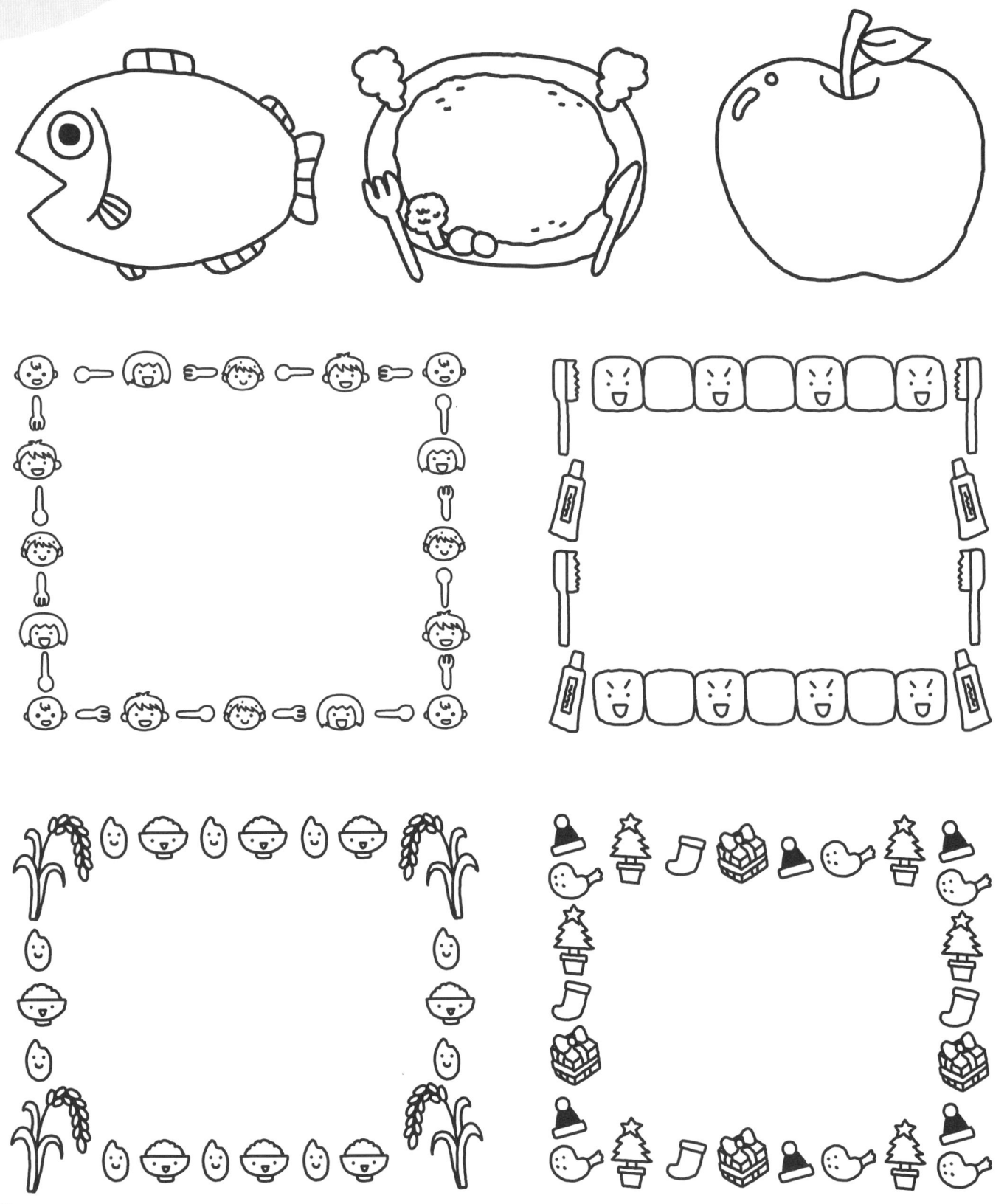

附録② 食育イラスト集

監修・著者

髙橋 美保（たかはし・みほ）

大妻女子大学助手、白鷗大学教育学部発達科学科教授を経て、現在、白鷗大学名誉教授。専門領域は「子どもの発達と食育」。
主な著書：『食育の力 ー子どもに受け継がれる生活の知恵ー』（創成社）、『保育における食育活動の道しるべ ー計画・評価の工夫と実際ー』（筒井出版）、『食育で子どもの育ちを支える本』（芽ばえ社）、『乳児保育の実際と子育て支援』（ミネルヴァ書房・共著）、『心と身体を育てる小児栄養』（保育出版・共著）、ほか

※本書は、財団法人こども未来財団発行の『こどもの栄養』で、長年にわたって発表してきた内容に加筆・修正を加え再構成し、単行本化したものです。

STAFF

本文イラスト　森のくじら・狩栄 昊（P.18〜23）・柳深雪（P.12〜17）
編集協力　堤谷孝人
企画編集　安藤憲志・橋本啓子
校正　堀田浩之

from to 保育者 books ⑤
保育者のための
食育サポートブック

2010年5月　初版発行
2023年1月　第19版発行

著　者　髙橋美保
発行人　岡本　功
発行所　ひかりのくに株式会社

〒543-0001　大阪市天王寺区上本町3-2-14　郵便振替00920-2-118855　TEL06-6768-1155
〒175-0082　東京都板橋区高島平6-1-1　郵便振替00150-0-30666　TEL03-3979-3112
https://www.hikarinokuni.co.jp
印刷所　大日本印刷株式会社

©2010　乱丁、落丁はお取り替えいたします。

Printed in Japan
ISBN978-4-564-60763-9　C3037
NDC376　192P　26×21cm

本書を代行業者等の第三者に依頼してスキャンやデジタル化することは、たとえ個人や家庭内の利用であっても著作権法上認められておりません。